大展好書　好書大展
品嘗好書　冠群可期

大展好書　好書大展
品嘗好書　冠群可期

徐震文叢：6

萇乃周武術學

徐震 著

大展出版社有限公司

導讀

本書是徐哲東先生考證萇乃周先生事蹟和評論他的遺著《萇氏武技書》的專著。它是打開萇氏武術寶庫的鑰匙，對閱讀《萇氏武技書》很有幫助。此書成於一九六〇年三月，逃過了「文化大革命」一劫，一九九一年因故未能在上海師大印出，直到二〇〇六年才由山西科學技術出版社出版。

書分上下兩編。上編根據《汜水縣誌》及其他有關材料進行考核分析，去偽存真，作出的結論是：萇乃周是河南省汜水縣人，可能生於康熙末年，死於乾隆末年（《中國武術大辭典》的生卒年份是一七二四—一七八三）。他十幾歲時就愛好武藝。他先是庠生（俗稱秀才），後來成為貢生。一生以教書為職業，教書之外，還教拳棒。

他開始學武時並沒有得到名師傳授，後來遇到少林拳家閻聖道，頗覺進益。又十年，學到字拳四十法，約歸二十四。

他很佩服本縣的張八，可能間接學到張八的武藝。他可能師事過禹讓，學到禹家槍法。他到過陳家溝，知道太極拳。萇氏的武技是多方面的，他集合眾長，自開一派。

自他以後，萇氏子弟就不斷有學習武術的人，直到他的玄孫輩還傳授不絕。他在汜水縣開了崇尚武術的風氣。《中國武術大辭典》第二十七頁上說：「萇家拳，自萇乃周以下，歷傳八代，主要流行於豫中，以滎陽、鞏縣、密縣、安陽、開封等地最盛。」足見萇乃周宣導武術的功績是很大的，出版他遺著的意義也是很大的。

下編是對萇乃周的遺著《萇氏武技書》的評論，分拳術和器械兩部分，以拳術為主。徐先生把拳術部分分為三個方面來研究。

一、中氣理論

徐先生用人體生理學的理論，結合他自己在武術內功、靜坐的氣功方面的經驗，對書中的「真氣」作出解釋，說它是一種體內的類似氣流的現象，也許是神經的波動。它雖不是鼻中呼吸之氣，卻和呼吸之氣相應。

二、動作姿勢

在做俯仰、屈伸、迴旋、轉折的動作時，全體屈伸肌的活動，必須保持在一定限度之內，便於轉換。要做到伸不挺直，屈不僵滯；伸必須留有餘地，屈必須保持舒鬆。至於俯仰，也是這樣。所以書中說：

「以俯勢入陽氣，不將陰氣扶起，則偏於陽，必有領拉前栽之患。仰勢之陰氣，不將陽氣扶起，則偏於陰，必有掀推後倒之憂。」（《入陽扶陰入陰扶陽說》）

可見所謂入，就是目的性的動作；所謂扶，就是調節性的動作。陰陽轉變有其一定的限度，這限度就是伸不能再伸，再伸就成挺直；屈不能再屈，再屈就成僵滯。

至於為什麼把做俯勢稱為入陽氣，做仰勢稱為入陰氣，那是因為「督脈行於背之當中，統領諸陽經；任脈行於腹之當中，統領諸陰經。故背為陽，腹為陰。……」（《陰陽入扶論》）

我們仔細閱讀徐先生的文章，對於陰陽入扶的涵義就能了然於胸，對於其他術語的涵義也會逐步達到心知肚明。所以這本書是打開萇氏武術寶庫的一把鑰匙。

《論初學入手法》中說：

「三尖照者，鼻尖、手尖、腳尖上下一線相照也。」

這和形意拳的理論很相似。

三、練法和用法

《養氣論》中說：

「初學莫言煉氣，先將身法步眼比清，又不可使力。須因勢之自然，徐徐輪舞，務將外形安放一家，再令輕活圓熟……」

這和太極拳的練法很相似。

《煉氣訣》中說：

「故每一勢之操縱、收發，心先，命門為次，頭又次之，手足則次而又次之。」

這和太極拳家武禹襄的《打手要言》裏的「先在心，後在身……」可以說完全一致。

徐先生在《結語》中說：「萇乃周對武術涉及的方面很廣，而且是下過苦功的。他研究得細緻，憑他的經驗得出的結論，基本上和太極拳一

致。……」又說：「古代文化遺產不可能全好，也不應該有好的而不去吸收。」這話說得很對。有了徐先生的《萇乃周武術學》，我們就可以更好地理解《萇氏武技書》。如果我們再看一些《人體生理學》、《運動生理學》等書，就更能體會到萇氏武技是有其科學的理論根據的。

林子清

二〇〇六年二月二十日於上海

序

這本書是為清朝乾隆年間武術家萇乃周做的學案。分上下兩編，上編是有關萇氏事蹟的考證，下編是對他的遺著《萇氏武技書》的論評。

萇氏對武術經過多方面學習探索，下了很大工夫，融會貫通內、外功拳術及氣功的練法，創立了一個拳派。他的著作，對我們今天發展武術，可供研習技術的參考，是一份值得珍視的遺產，應當加以闡發。另一面，他的著作中也有一些迷信、腐朽的東西，應當批判，以免產生不良的影響。這本書是兩面都顧到的。

萇氏的事蹟及學說，具詳本書中，這裏不多論述。為了觸發愛好武術的同志注意到搜集研究古代武術的舊籍，所以大膽地把這本不成熟的稿件提供出來。書中錯誤之處，在所難免，希望得到批評指正。

書中採用《汜水縣誌》的材料，是函托在上海圖書館工作的學友陳光貽抄寄的。陳同志檢尋材料，做得很仔細周到，於此敘明，以誌感謝。

徐哲東

一九六〇年三月十五日寫於蘭州

註：

本編引萇乃周遺著——《萇氏武技書》，遇到辭句中有分明錯誤之字，曾加改動，並將原文注於括號中。

目錄

導讀……三
序……九
上編　萇乃周事蹟考
第一部分　材料……一八
一、萇乃周本身的材料……一八
1. 縣誌傳文……一八

2. 遺　詩……二一
3. 面　貌……二二
4. 學　歷……二二
5. 宋茂源為《萇氏拳譜》作的序文……二三
6. 柴卓如所述的遺事……二四
7. 袁宇華提供的材料……二七
8. 陳家溝的傳說……二八
二、萇乃周的家庭情況……二九
1. 乃周父仙湄傳……二九
2. 乃周長兄仕周傳……三〇
三、萇乃周的武術淵源及其流傳情況……三一
1. 乃周的前輩虎牢張八……三一
2. 乃周的弟子……三二

第二部分　考　證 …… 三四
一、家庭出身 …… 三四
二、經歷和生活 …… 三五
三、傳說的奇蹟 …… 三八
四、習武的情況及師承 …… 四一
五、遺著考原 …… 五三
六、拳派的繼承人表 …… 五七
第三部分　結　語 …… 六〇

下編　萇乃周技述評

第一部分　拳　術……六六

一、中氣理論……六六

二、動作姿勢……七七

1. 內功拳概說……七七

2. 陰陽、入扶、轉結的涵義……七八

3. 三尖照是拳式的基本姿勢……八七

4. 頭與軀幹四肢的姿勢……八九

三、練法和用法……一〇六

1. 練法的理論和程式……一〇六

2. 練成輕活圓熟的四個要法……一一三

3. 練氣的兩個具體方法……一二三
4. 用法招數的三個基本法則……一二七
5. 論二十四字正偏勢……一四五
第二部分　器　械……一四六
一、槍　法……一四七
二、猿猴棒……一五二
三、雙　劍……一五二
四、棍　法……一五三
第三部分　結　語……一五四
後　記……一五七

上編

萇乃周事蹟考

第一部分 材 料

一、萇乃周本身的材料

1. 縣誌傳文

萇乃周字洛臣，歲貢生，住萇村。三十餘歲患遺精症❶，乃從事靜養，習拳棒，私淑虎牢張八，盡得其術。又潛心《周易》，洞徹陰陽起伏之理，遂刪訂古人拳譜，向背出入，

❶ 萇乃周在《二十四拳譜序》中說：「余成童苦嗜武，讀書之暇，他務不遑，專以舞蹈為樂。」可見他在童年就練武術了。故《縣誌傳文》中說他三十餘歲患遺精症，乃習拳棒。是錯誤的。

條分縷析，細入毫芒。

又作《中氣論》，以明其會歸。其中練氣之術，縱橫開闔之妙，均發前人所未發。

滎陽曹村李氏，其妻家也，門前石砌為路，乃周至，履石皆折。有精拳術者聞其名訪之，乃周服長衫白色，以煤水染舞之，全體皆墨。偶飲茶石桌上，以磁杯微擊石，石裂為二。時拳棒術最發達，乃周既著名，四海英傑連袂來謁，乃周與角藝，愈出愈奇，罔有能勝之者。

乃周能詩文，道經術（道字原本如此，當作通——著者），弟子最多，暇時授以拳棒，人精一藝，皆臻神妙。

柴如桂、高六庚、李文發，其最著者也。河南巡撫徐攀桂甚敬禮之，乃周卒，吊贈以詩曰：「南遊楚蜀北遊秦，不見成皋萇洛臣。回首梁垣都是夢，滿門桃李竟如神。拳師武穆根源正，槍接桓侯衣缽真。蓋世英雄今渺矣，升堂入室有三人。」蓋實錄也。

柴如桂別有傳，高六庚，監生，與柴如桂齊名。如桂之拳，六庚之槍，當時俱號無敵。

有高廷琳者，監生，事母至孝，學武藝於六庚，六庚謂之曰：「吾道得自萇先生，今盡付汝矣。」

萇門弟子三人外，有姚老九、張玉琳，藝甚精奇。又有傳小德者（原文如此，應作傅小德——著者），與乃周異派同工。又有潘岳嵩者，五兵稱絕技。

這篇傳文見於一九二八年重修《汜水縣誌‧卷八人物志‧方技類》。《汜水縣誌》有清朝乾隆九年許勉燉、禹殿鼇纂修本，共二十二卷。此後直到一九二八年，才有田金祺、趙東階的重修本，共十二卷。

乾隆九年修的《汜水縣誌》，僅有進士萇仕周，見《選舉誌》。萇乃周等事蹟都沒有收入。本篇所採《汜水縣誌》中的各篇，都出於田金祺所修本。

2. 遺　詩

集縣齋文會同賦

萇乃周

岩邑今聞奏鼓鐘，春溫滿座照窮冬。
程門雪壓游楊履，唐代風開燕許蹤。
鬱鬱桑麻茆屋暖，垂垂桃李泮池濃。
婆心一片難辜負，努力爭先礪劍鋒。

這詩載在《汜水縣誌・卷十二藝文類》❷。

❷ 這首詩作於乾隆九年，汜水縣知縣許勉燉，延清縣內諸生集縣齋文會，並邀進士萇仕周、舉人傅子默、禹叔章，即席賦詩，並限冬韻。乃周此時已是諸生，他寫有很多詩，這首詩是他留傳下來的唯一的非拳術的詩。

3. 面　貌

徐銓，號一峰，住趙村。善丹青，尤工寫照。（中略）與萇乃周交厚，屢托寫生，不應。一日，過乃周，乃周捋其衣曰：「今日不寫，不聽去。」銓奔，回顧，乃周鬚髮盡張，類張桓侯像。遽返，一揮而就，喜曰：「公才兼文武，描寫極難，今得之矣。」黃河堤歲繪圖奏聞，爾時皆銓為之。

上文是節錄徐銓的傳，傳文見《汜水縣誌・人物誌・方技類》❸。

4. 學　歷

《汜水縣誌・卷八人物誌・懿行類》於《萇仙湄傳》末有：「乃周邑庠生。」又該誌卷二《建置誌》後附的《選舉表・清貢生表》內有萇乃周

❸ 徐銓所繪乃周之像，至今仍懸萇氏後人中堂。

名。未注明是何年的貢生。

5. 宋茂源為《萇氏拳譜》作的序文

萇乃周先生《二十四氣拳譜》序

宋茂源

武之主於氣也，夫人而知之矣。抑知氣何自流通飛舞而無滯乎？《易》曰：「太極生兩儀，兩儀生四象，四象生八卦。」八卦——陰陽，陰陽——太極。是太極為二氣之祖而千變萬化之消息者也。善武者必先會太極於胸中，而後開闔流動，始能飛舞神化而不測。吾邑萇三❹先生諱乃周，始固一儒生也，厥後以武名顯。傳流至今，雖婦人孺子，皆知其為萇教手也。余亦習聞其名，究未知其何所傳授而技至於此。今得先生是譜而讀之，雖

❹ 乃周排行老三，故人稱萇三，又稱萇三宅。

二十四氣不無師承，要其縱橫不測之妙，實從涵養太極中流出。夫乃歎先生之藝，其得力於《大易》者為獨至也。先生英年聰悟天成，弱冠入泮，與兄仕周俱以文名顯。後因篤習拳棒，不求進取，故功名輒止，學弗得大就。使其留意功名，致身貴顯，則出其文武之才，以致將相之業，當必大有可觀者焉，豈僅區區以一教手云爾哉。雖然，斯固不足為先生憾也。先生惟不求顯於世，益見先生之高也。吾願世之閱斯譜者，欲識先生之武，先學先生之文，慎勿遺其本而專事其末焉，則得矣。

這篇序見於《汜水縣誌・卷十一藝文誌》。

6. 柴卓如所述的遺事

萇乃周是個文人，又長於武藝，所以大家稱他「儒拳師」。他的武術，是禹讓所傳授。他到過開封，那時有個飛賊王倫，在開封鬧得很厲害。有一天，王倫把一件衣服放到巡撫衙門的石柱下面，附加一封信，信上寫著：「誰把這件衣服取出來，我就離開這裏。」

萇乃周聽到這件事，就把衣服取出，掛在高杆子上。

他說：「王倫三天不走，吾就取你的頭。」

讓大眾把這話傳開去。王倫果然逃走了。乃周的妻家姓秦，是河陰縣的大族，住宅房子很高大，大廳前的臺階石，有兩尺多厚一層。秦家子弟看見乃周來到，故意和他開玩笑，用石塊向他擲去。他毫不在乎，舉手把石塊打掉，石塊被他的手打得粉碎。秦家子弟又要他踏碎廳前的臺階石，他走上石階，石階就中斷了❺。他還能夠在水面上步行。能夠把身體貼在牆壁上面。

這篇原文是文言，題目是《儒拳師萇三》，作者柴卓如；同時，他還有一篇《黑虎掏心柴如桂》（桂字原文作柱）登載於北京體育研究社出版

的《體育季刊》（一九二一年一月出版）。這本季刊在抗日戰爭中失掉，但《儒拳師萇三》一文的材料，已全部被我吸收到一九三六年出版的《萇氏武技書》「序」中。

現在就據舊作序文，譯述如上。

❺乃周踏斷石階之事，是在河陰他的徒弟秦承宗家，不是妻家。河陰秦姓是河陰望族。傳說乃周去秦承宗家，他家的人看不起乃周，說他像病夫，怎能教承宗拳腳。被乃周聽到，踏斷石階，只留一塊。事實上被踏斷的石階不是兩尺厚，厚不過十幾公分，臺階共五級，斷了四級，最上一級在眾人央求下未踏斷。好多研究者認為踏斷石階是不可能的，然現場還在，至今秦承宗後人仍不讓拆除這幾級石階，說留個紀念。秦承宗家與仕周外祖父家是本家。據《萇氏家譜》，萇仙湄初配秦太君，生仕周，慮繼嗣不廣，又娶李氏，生三子，與周、乃周、平周。乃周配周氏，生三子。

7. 袁宇華提供的材料

萇乃周字純誠❻，河南汜水縣人。乾隆時，舉明經。所著武術書有：《中氣論》、《二十四氣》、《武備參考》、《武備擇要》、《青龍入海》、《羅漢拳》、《黑虎拳》、《白虎拳》、《炮拳》、《小紅拳》、《二十四大戰拳》、《六合棒》、《猿猴棒》、《六零奇槍》、《飛雲八勢槍》、《十七槍》、《春秋刀》、《單劍對槍》、《雙劍對槍》、《雙劍交對》、《劍指七星》、《虎尾蛾眉鎌》。還著有一部《周易講義》❼。

以上的材料，見於袁宇華所作《培養中氣》、《武備參考》兩書合印本的序文中。我從馮超如同志所借抄的陝西教育圖書社本，也在抗日戰爭

❻ 萇乃周字洛臣，號純誠、肫誠。

❼《周易講義》不是萇乃周的著作，詳見本編第二部分遺著考原。

中遺失，但在我的舊作《萇氏武技書・序》中已把袁序中的材料完全納入，所以這份材料並未缺少。

8. 陳家溝的傳說

陳繼夏字炳南，乾隆末人，精太極拳。每磨，始以兩手推之，以次遞減，減至一指，則奔而推之，即一磨亦不問功。

公善丹青，趙堡鎮、關帝廟等處壁畫，悉出公手，俱能傳神入妙。一日，在村西繪古聖寺佛像，有人自後按公兩肩，公閃跌其人於前，問其姓名，乃河南萇某。萇乃藝中著名者，聞陳溝拳著稱於時，因來訪，見公畫像，戲試之，不圖公固長於太極者也。遂嘆服而去。公善用肘，與陳敬柏之靠齊名。

這篇是陳子明所著《陳氏世傳太極拳術》中的《陳繼夏傳》全文（該書為一九三二年十二月上海中國武術學會出版），是子明據《陳氏家譜》

中的《繼夏傳》寫的。《家譜》中「問其姓名」下，是「乃河南萇三宅也」，作「萇某」，是子明所改。

二、萇乃周的家庭情況

1. 乃周父仙湄傳

萇仙湄字臨川，邑庠生。幼失怙，事母能得其歡心。學於長兄溶，歷數十年，事之如父。初，仲兄湛讓以故宅。湛歿，即以還侄宣周。與季兄漪同爨十餘年，和睦無間。產不滿一頃，性喜施濟。

康熙六十年大饑，里中任、張二姓，皆老羸，乏食待斃。時家止有粟四石，恒以升斗給之，得以不死。雷姓積貸米粟，為之焚券。教子以義方，治家有法度。子仕周，壬戌進士，乃周，邑庠生。

這篇見《汜水縣誌・人物誌・懿行類》。

2. 乃周長兄仕周傳

萇仕周字姬臣，號穆亭，一號錦溪，副貢印昌曾孫。由附生習詩經。乾隆戊午科舉人，壬戌科進士。穎悟絕人。髫年握管，劌腸鏤腎，不為風氣所囿。舞勺、遊庠，試輒前茅。肄業大梁書院，遊於會稽魯庶常曾煜之門，獨得薪傳，淹貫六籍，綜覽八家，心領神會，觸類旁通。所作制義，閎深奧衍，筆力直追古人。

掌教三山書院，以窮經學古勵生徒，殷勤講授，昕夕不倦，痛除骩骳之習，歸於淳雅。與輯舊志，纂錄為多。歷任山東青城、濟陽、蓬萊、文登、福山、榮成等縣，皆有政聲。屢辦皇差，身肩其任，絲毫不以累下。興役作民不罷勞。後補陝西宜君縣。卒。

這篇見《汜水縣誌・人物誌・文苑類》。

三、萇乃周的武術淵源及其流傳情況

1. 乃周的前輩虎牢張八

張八，虎牢關人，幼學劍。近三十。精武藝，其神拳二十九法，世無敵者，時稱神手張八。時，山東巨寇劉斯行劫四十年，屢敗官兵。三省會兵緝捕，走尉氏縣，立殺七人，莫敢誰何。張八遇之，乃隻身直前，指其佩劍曰：「若能用此否？」

賊叱曰：「敢與我角藝乎？」遂兩相格鬥。八以短槍中其肘，手擒之。家居時，有僧自南來，舞雙鞭，令人灑以水，不能濡。置百金於地，曰：「有能來比試者予之。」八以藍色染杆，須臾入中。

僧驚服曰：「君在此，汜當無盜患。」其人蓋巨盜也。

這文見《汜水縣誌・人物誌・方技類》。萇乃周在《二十四拳譜序》中說到張八，對他很佩服。

2. 乃周的弟子

柴如桂字庭芳，住西十里鋪。昆弟四人，已異居，親歿，獨營殯葬。精拳棒，尤精二十一門槍法。時白蓮教賊有張朝漢者（應作張漢朝——著者），擄翟家集，擁眾萬餘人叛。河南巡府（應作巡撫——著者）馬公聘為練兵委員，如桂教以劈山棒法，三月嫻熟。武陟知縣林嵐率之戰，無不一以當百，賊遂平。

嗣江南河務總督吳敬召置幕下。徐州奸民據城亂，官軍至，城門大啟，偽示空虛，眾莫敢前，如桂持長槍奮勇入，眾從之，奸民悉獲。

王國祥，胡固村人，萇乃周弟子，以武藝名。

李根圖，住小王村。精拳棒，得萇氏真傳。

陳天卷，菴上❽人也。得力萇氏《中氣論》，拳棒甚精。子振萬、孫玉書能世其業。

萇克儉，習《中氣論》，武藝過人。嘗隨父及弟等在廣武戰敗捻匪，與弟克俊，皆武術教人（皆字下應有「以」字——著者），學徒甚眾。

以上錄《汜水縣誌·人物誌·方技類》原文。

萇德普，乃周五世孫，在汜水教武術。

袁宇華，汜水人，從學於萇德普。一九二一年任鎮嵩軍武術教習。

以上據袁宇華《培養中氣》、《武備參考》序文中所述。

❽ 菴上：地名，在今河南省滎陽縣西南。原屬汜水縣，現汜水已併入滎陽縣。

第二部分　考　證

上面搜集的一大堆有關萇乃周的材料，其中出於《汜水縣誌》的居多。這許多材料，有的互相矛盾，有的互有詳略，有些是誇張的傳說，有的是失實的記載。這就必須考核分析，才可去偽存真，清理出可信的事實，從而有助於對萇氏武術的研究。

現在就搜集到的材料和萇氏遺著，分作六項來考核。(1)家庭出身；(2)經歷和生活；(3)傳說的奇蹟；(4)習武的情況及師承；(5)遺著考原；(6)拳派的繼承人表。

一、家庭出身

據《汜水縣誌》乃周兄仕周的傳，他的曾祖印昌，就是副貢。他的父親仙湄是邑庠生（一般稱作秀才），田產不滿一頃。仕周是進士，還做過許多任知縣官。可見乃周是知識份子、地主家庭出身。萇家在汜水縣是相當有名的。

二、經歷和生活

萇乃周本人是一個愛好武藝的知識份子。他先是庠生，後來成為貢生。清朝的貢生，有恩、拔、優、歲、副、例六種名稱，這就是庠生中學行優秀，受到薦舉，有了做官資格的人。清朝人也稱貢生為明經。材料中說到他的學歷，都是確實的。

他的生卒年月，找不出來。他的長兄仕周，是乾隆三年（戊午）的舉人，乾隆七年（壬戌）的進士，據此推想，乃周最早可能在康熙末年出生，至遲也不會後於乾隆初年。他的死可能在乾隆末年。這是據他傳中徐

攀桂吊他的詩來推想的。

查《清史稿・彊臣年表》從乾隆直到道光末年，任河南巡撫的，除徐績外，再沒有一個姓徐的，那麼，攀桂一定就是徐績的表字，應該沒有疑問（徐績有傳在《清史稿・列傳一百十九》，不載他的表字，這是《清史稿》的簡略）。

徐績在乾隆四十年到河南任巡撫，四十三年離任。在他的吊萇乃周詩中有「回首梁垣都是夢」，可見作這詩在他離任以後，由此可以推知，乃周最早也不會死在乾隆四十三年以前。

乾隆末年、嘉慶初年，白蓮教起義，乃周的弟子柴如桂充當鎮壓起義軍的兇手，但是材料中找不到乃周與白蓮教起義事有何關涉，大約那時他已經去世了。

據他自己說：「成童苦嗜武」，「徒以傳授無門，東支西吾，勞而罔功」（《二十四拳譜序》）；又說：「余自從師四十餘年。」（《拳法淵源序》「成童」是說年齡在十五歲以上，《禮記・內則》：「成童舞象。」鄭玄注：「成童，十五歲以上。」）再加四十餘年，可見乃周的年紀不會短於六十歲[9]。

他字洛臣，縣誌和徐攀桂的詩都不會錯的，純誠可能是他的另一個表字。他沒有做過官。《縣誌傳》中說他「能詩文，通經術，弟子最多，暇時授以拳棒，人精一藝，皆臻神妙。」可見他一生以教書為職業，他在教書之外，還教拳棒，自然能夠吸引到很多學生。他一生的情況，大略如此。

[9] 萇乃周生於清雍正二年，這是根據《煉氣訣》和《二十四大戰拳序》中萇乃周的落款年齡推算的。卒年不知，萇氏後人說他活了五十九歲，即卒於乾隆四十八年。有人認為乾隆四十七年乃周著有拳譜，四十八年沒有留下任何著述，推斷他於此年去世。

三、傳說的奇蹟

《縣誌》中所載乃周在武術上的表現，比較近情，已經不免有傳說不實，流於誇張處。柴卓如一文，竟成為神話故事了。

現在逐件來檢核一下：

第一件，柴卓如所述乃周到妻家，打碎石塊踏斷石階的奇蹟。

《縣誌》中只說：「門前砌石為路，乃周至，履石皆折。」石板如不厚，這是可能的。要像柴說，踏斷兩尺厚的石階，這是不可能的。況且一層石階高到兩尺，也不合情理。

至於柴氏所記妻家子弟用石塊擲他，他用手擋開，石塊都粉碎，也是不合情理的。這件事，《縣誌傳》中就沒有載，可能是妄傳，或者他用手擋開石塊，石塊墜地碎了，並不是他的手把石塊擊碎的，這還有可能，一經傳說，就誇張失實了。

至於乃周的妻家，《誌》說李氏，柴說秦姓；《誌》說在滎陽曹村，柴說在河陰，河陰縣到乾隆三十年併入滎澤，縣境和滎陽毗連。曹村大約在兩縣交界處，但《誌》說得很詳明，大約《誌》是確實的。

第二件，《誌》所記的，有精拳術者訪乃周，乃周以白長衫染煤水舞之，周身皆墨。

這件事寫得不大明白，似乎是乃周用袖子蘸一點煤水舞之，使自己的白長衫全變黑了，這是可能的。

第三件，把瓷茶杯輕碰石台，石台就破裂，這也是不可能的事，我們只能認為是神話式的傳說。

第四件，柴卓如所記在開封趕走飛賊王倫的事情，這件事，《縣誌》的傳中不載，我很懷疑這是一件訛傳的故事。

查《清史稿・徐績傳》乾隆三十九年，山東壽張縣人王倫起義，其時

徐績正作山東省巡撫，領兵去鎮壓，被起義軍圍在臨清，給清朝的援軍救出。大約飛賊王倫，就是在壽張縣起義的王倫的訛傳。

這件事，也不一定全出虛構，或者徐績任河南巡撫時，乃周曾在開封趕走一個鬧得相當厲害的飛賊，不過飛賊不叫王倫，事實也不像傳說的那樣神奇。或者徐績和王倫作戰時，乃周曾為徐出過力，幫他鎮壓起義軍。

為什麼我要這樣推測呢？因為萇乃周僅僅是個貢生，他的親兄雖然是進士，也只做到知縣，和巡撫的地位相差很多，徐績怎會這樣欽佩他呢？而且吊詩中專贊他的武藝，還稱他是「蓋世英雄」，要不是確實見到了他的能耐，恐怕不會如此折服吧⑩！

第五件，他能在水面上步行。

⑩根據滎陽縣荊文甫著《萇氏武術全集序》和陳俊峰著《萇家拳之源流考》，萇乃周著名之後，曾到河南巡撫部院當教師，教人武藝。與巡撫徐攀桂、滎鐵齋過從甚密。又曾與莊方耕（名伯與）比試武藝，莊大敗。

第六件，他能把身子貼在牆壁上。這都是柴卓如說的。身子貼在牆壁上，也許可能（要看怎樣的牆壁，怎樣的貼法）。步行在水面上，是神話式的傳說。我對奇蹟的看法，是可能有些來由，傳說未可完全否定，但絕不應相信神話式的誇張。

四、習武的情況及師承

萇乃周的武術，據他自己說：「成童苦嗜武，讀書之暇，他務不遑，專以舞蹈為樂。雖先兄屢訓，私愛終難自割。徒以傳授無門，東支西吾，勞而罔功，深愧無成。後十年，遇河南府洛陽縣閻聖道⑪，指點一二，頗

⑪ 閻聖道是少林拳家。見陳俊峰（泮嶺）著《萇家拳之源流考》。再據《猿猴棒譜序》（《萇氏武技書》中只有名稱，無譜），萇乃周還師承梁道人，梁是四川人，授乃周的可能是峨眉拳法。

覺進益。又十年，得字拳四十法，臆續三十件，積為七十則。但繁多莫紀，乃約歸二十四。」（《二十四拳譜序》）。

從這段文章中，只能看出他曾經受學於閻聖道，究竟學的是什麼東西，他沒有說。字拳四十法，可以從他的《二十四字圖解》中看到它的內容，但又不知是從誰學到的。

從上面所引乃周的自白，可見他早在十五六歲時就學武藝了，所謂「傳授無門」，不過沒有得到名師指導，得不到真正門路，所以「勞而罔功」，這確是事實，在舊時代學武術有經驗的人，對他這幾句話的意思，是會有深刻體會的。因為有真功夫的人不多，一般是會些套路，憑手快力大勝人。有真功夫的又不肯教，或教法不好，說不出道理，抓不到環節，使學生不容易領會。

他遇到閻聖道的時候，也只有二十五六歲，還不到三十歲。他學到字拳四十法，已經有三十五六歲了。

他在《拳法淵源序》中說：「余自從師四十餘年」，從十五六歲開始練拳算起，在他學到字拳法後，還從師學了廿年，可見他到五十五六歲，還在從師學習哩！他開始學武，打破了長兄阻止的難關，以後直到近六十歲，還在求師，這種堅毅虛心的精神，是很可珍視的。

他很佩服張八，在《二十四拳譜序》裏，一開頭就說：「虎牢張八，年三十學藝，槍刀劍戟，靡有不精，其神拳二十九勢，世無知者。嗟乎！人知之未必果高，而高者不求人知，且唯恐人知，即間有知者，亦無異於不知也。」

這段話是在舊時代社會裏發的牢騷，可是從話裏我們可以看出，張八是一個勞動人民（從他的名字不傳，也可以看出）。所以武藝雖高，是不為人所重視的。

萇乃周雖然對張八讚揚了一番，並沒有說從他受學。大約他發覺得太遲了，所以雖然同在一個縣內，也沒有趕得上跟他學藝。也可能到萇乃周

愛學拳時，張八已經去世了。但是乃周是知道張八的武藝內容的，這可能是從張八的學生等手裏輾轉學到些東西。

《縣誌》說他「私淑張八」，說得很確。但張八的學生中，大約並無高手，所以乃周沒有說起張八的繼承人。不過萇氏在通悟之後，他是可以從張八不大高明的學生中，獲得真傳的。《縣誌》說乃周盡得張八之術，也可能是合乎事實的。

柴卓如說萇乃周師事過禹讓，這也可能是事實。汜水縣禹家的槍法，頗有盛名。

據溫縣陳家溝舊抄本《文修堂拳譜》，其中有若干頁的槍法圖勢，和戚繼光《紀效新書》中的圖勢大致相同。在闖鴻門勢一頁，有幾句附記說：「此槍法圖係汜水縣禹槍家漏鑽，係張飛神至倀禹家。」此下又旁註：「係倀家外生」五字。這段文字顯然有許多是抄寫的錯誤。

原文應當是：「此槍法係汜水縣禹家槍流傳，係張飛神至禹家。」

（「倀」字大約是張字的訛誤，又是衍文）旁注的「係倀家外生」，意思是說禹家是張家的外甥，所以張飛神去傳他們槍法⑫。

從這段神話中，反映出汜水禹家槍法是有名的。那麼萇乃周從禹讓學武藝，可能是事實。可以補充《縣誌》的缺漏。

徐攀桂吊乃周詩：「槍接桓侯衣鉢真」，看來就是用上了張飛神到禹家傳槍的神話，從這句詩，也可作為萇氏學武藝於禹讓的旁證。

萇氏和太極拳是有淵源的，從他的遺著中，就有顯著的痕跡。

（一）**《中氣論》中有：**「人自有生以來，稟先天之神以化氣，積氣以化精。當父母構精，初凝於虛危穴內，虛危穴前對臍，後對腎，非上非

⑫過去汜水禹家槍是有名的，與萇家拳二者並稱。據萇乃周《三十六槍譜序》，張八之槍術傳了五輩，傳到了禹家。乃周從禹氏學，又覺其中有不合情理處，故重編之。萇禹兩姓皆汜水名門，兩族通婚極多，故「係倀家外生」一句當是「係萇家外甥」之誤。但現在既無禹家槍譜，亦無禹家槍傳人，大概是被萇乃周全部吸收，並將其完善了。

下，非左非右（非字原文為飛，誤。都應作非——著者），不前不後，不偏不倚，正居人一身之當中，稱天根，號命門，即易所謂太極是也。真陰真陽，俱藏此中。」

又《合煉中二十四勢》的附評中有「煉形合氣，煉氣歸神，煉神還虛。形者，手足官骸也；氣者，陰陽周流也；神者，心之靈妙，觸而即發，感而隨通也；虛者，無極也。陰陽本太極，太極本無極。」

又《養氣論》中說到人身中氣行的通路有「一曰黃房，二曰元關，三曰太極室，四曰道之樞紐。」

書中用「太極」一名詞來說明生命的根源，有此三處，可見萇氏受到「太極拳」的影響，所以會再三用到這一名詞。

（二）《中氣論》中有：「不偏不倚，正居人一身之當中」；又《入陽扶陰入陰扶陽說》中又有：「不偏不倚，無過不及」；此外《點氣論》、《承停擊》兩篇中也都用到「不偏不倚」，雖然「不偏不倚，無過不及」是朱熹《中庸注》的句子，但王宗岳的《太極拳論》中用到它，萇乃周也用到它，如果萇氏和太極拳無關係，何其用語如此巧合。

（三）《太極拳打手歌》中有「沾連粘隨不丟頂」。萇氏書中亦屢用「粘連」。如《得門而入論》有「粘連不離，隨我變化。」《頭手二手前後手論》有「躲閃隔位，粘連不住。」槍法的《八大條目》之一有「粘隨」。

（四）王宗岳《太極拳論》有「本是捨己從人，多誤捨近求遠。」萇氏書中《頭手二手前後手論》有「捨近就遠，勞而不逸。」這又是用相同的語句，「求」、「就」雖是異字，讀來相近，在整個句子中，意義也沒什麼不同。

（五）《太極拳譜》以掤、攦、擠、按為四正方，採、挒、肘、靠為四斜角，萇氏書中在《論手》、《論拳》兩篇內都用到「四正四隅」。

（六）「內實精神，外示安逸」，這是出於《吳越春秋》中越女論劍

的話，武禹襄編的《太極拳譜・打手要言》中用到它，萇氏書中也用到它（萇氏書中見《講出手》等篇）。

又武禹襄在《打手要言》中有一章是：「彼不動，己不動；彼微動，己先動。似鬆非鬆，將展未展，勁斷意不斷。」

萇氏書中《捷快用法》說：「懈又懈來鬆又鬆，吾氣未動似病翁，忽然一聲春雷動，千車萬馬把陣衝。」

《打法總訣》說：「彼不動兮我不動，彼欲動兮我先動。」

武禹襄編的《太極拳譜》中有「打手撒放」，萇氏書中也用到「撒放」，他說：「聚中氣，神凝氣充，如開弓弛張，方圓勒滿，而中的之神勇，可穿楊葉，可透七劄，乃在撒放之靈不靈也」（《點氣論》）。

以上與太極拳家的共同詞和句，雖然有些見於武禹襄文中，看來這些詞和句，還不是禹襄直接向古書上採用或自己創造的，正是太極拳家相承沿用的口頭語，或者竟是王宗岳《太極拳譜》中的零星記錄，經武禹襄納入到自己寫的《打手要言》中去的。

而萇氏用此詞和句，也正是從太極拳家得來的。不然怎會同一的詞和句這樣多呢？這裏還只從形跡上來說明萇氏與太極拳有淵源，至於武術的理論、練法、用法和太極根本相同之處，更是明顯。這在《下編萇乃周武技述評》中還要談到。

還有一個證據，上面材料中所引陳家溝對萇乃周被陳繼夏閃跌的記載，我認為是陳家溝的記載失實。

按照陳家的記載，陳繼夏是乾隆末年人，那時萇乃周已是六十歲上下的人了，不會做這樣兒戲的舉動。況且他雖然好武藝，到底是士階層中人，又是個教書先生，在那時封建社會中，多少會有些架子，更不會對一個素未相識的人隨便動手。再看他書中《初學條目》二十六條，其中有幾條都是告誡他的學生，不可輕率與人較試的。

如說：「學拳宜以涵養為本，舉動間要心平氣和，善氣迎人，方免災

殃。」

又說：「學拳不可輕與暴虐人比試，輕則以為學藝不高，重則觸其惱怒。見時以奉承為主，不可貶刺，則彼心悅意解，彼亦樂推戴我矣。」

又說：「學拳宜人端方，簡默少言，以豪傑自命，以聖賢為法，方能明哲保身。」

從這些教條中，可以看出他是何等慎重的人，豈肯輕率到如此地步。我的推斷，他是到過陳家溝的，但按陳繼夏的卻不是他自己，可能是跟隨他去的人，一經訛傳，便成為他親身的事了。

這篇記載也反映了一個事實，就是萇乃周到過陳家溝，他是知道太極拳的。按照他那種愛博好學的性情，既然知道了這個拳派，不會不加研習的。但是陳家溝沒有萇乃周向他們學武的記載，可見他的太極拳是另有所授，不是得於陳家溝的。現在通行的《太極拳譜》，就是武禹襄在河南舞陽縣鹽店裏得到的（據李亦畬《太極拳譜跋》）。

可見太極拳在河南流行的地區，並不止溫縣陳家溝一處，所以，萇乃周能夠在陳家溝以外學到太極拳。

萇乃周對形意拳也有淵源。在他的書中常常用到「三尖照」、「三尖到」，有《三尖照論》、《三尖到論》、《三尖為氣之綱領論》等篇。《論初學入手法》中說：「三尖照者，鼻尖、手尖、腳尖上下一線相照也；三尖到者，眼睛、拳頭、腳尖不先不後一齊俱到也。」《形意要論·第九篇》裏有「足起有地，膝起有數，動轉有位，合膊望胯，三尖對照。」

又《交手法》裏有「三節要停，三尖要照。」這都和萇氏書中用語相同。

又如萇氏書《初學條目》中有一條說：「學拳，腳與手合，手與眼合，眼與心合，心與神合，神與氣合，氣與身合。再無不捷妙靈和處。」《形意要論·第六篇》說：「心與意合，意與氣合，氣與力合，內三

合也；手與足合，肘與膝合，肩與胯合，外三合也。此為六合。右手與右足相合，左肘與右膝相合；左肩與右胯相合。右之與左亦然。」以及「頭與手合，手與身合，身與步合，孰非外合；心與眼合，肝與筋合，脾與肉合，肺與身合，腎與骨合，孰非內合。豈但六合而已哉。」兩相對照，可以看出，萇氏的語句，是從形意門中得來的，不過他把詳明的語句，概括成簡要的語句罷了。

考形意拳從姬隆風傳曹繼武、馬學禮，馬學禮是河南洛陽人，萇乃周曾得洛陽閻聖道之傳，那麼他接觸到形意門，是有跡象的。

徐攀桂吊詩中有：「拳師武穆根源正」的句子，形意拳家不論南派北派，都說姬隆風得岳武穆拳譜，從這一詩句中，也可作為萇氏與形意拳有關係的旁證。

萇氏的字拳四十法，不知從誰學的。抗日戰爭時期，我在四川，聽說自流井（即現自貢市）有位羅國柱，武技超卓，名滿川中，其人在光緒初年還健在，因為他跛了一腳，人都稱他為羅跌三爺。據說他的拳派是「字門拳」，從河南學來的，可能與萇氏拳派有關係，特記於此，以備訪訊。

總之，萇氏的武技是多方面的，所以他並不願為一門的繼承人，而是集合眾長，自開一派的。因此他學各派，都是有所去取的。他的成就如何，另詳下編。

五、遺著考原

萇乃周的遺著，現在不會齊全了。按照袁宇華所印出的一冊，及該冊袁氏序文所列的目錄，存在的遺著，也已經遭到竄亂，不是原編的樣子。而袁氏序文所列的目錄，又和印出的本子不能完全一致。目錄中還有顯然錯誤的，如目錄共有二十三種，但《周易講義》一定就是萇仕周所著的《易經講義》，誤列為乃周的著作。查仕周這部著作，見於《四庫全書總

目・卷十》，《汜水縣誌・卷十一藝文誌》中有婁謙作的序文，這都可證明《周易講義》即是《易經講義》的訛傳。至於萇乃周原著的拳譜，總名是《二十四氣拳譜》⓭，這可以宋茂源的序文為證。

宋茂源在《汜水縣誌》中有傳（在《人物儒林門》），傳中說到在道光二年（壬戌），他寫信給知縣謝益，反對謝益加收錢糧事。可見他去萇氏很近。他見到的萇氏遺著的名目既是《二十四氣拳譜》，可見這當是全書的總名了。

⓭《二十四氣拳譜》不是萇乃周原著的拳譜總名，是萇家拳套路的一種，是萇家拳的精華和發端。此拳又名「二十四字拳」，分上中下三盤。《萇氏武技書》中有圖的二十四個動作，即中盤內容。圖前面的八句詩是八個動作，是變勢，變勢和《萇氏武技書》中的「二十四字偏勢」也屬中盤。二十四個動作的這套拳，現滎陽一帶有許多人會，變勢會者不多，偏勢無人會了。按照萇家拳十層功夫，中盤是第五層功夫時練的，上盤、下盤是達到更高境界時練的，民國時尚有人會，近年來很多人達不到那層功夫，故會者極少以至絕跡，也無資料流傳。

《二十四氣拳譜》以《中氣論》為首篇，這可以從袁氏印本中看出來。拳譜的全部內容，極大部分看來都在袁氏印本中。

據我所重編的《萇氏武技書》來說，就是從卷一至卷五的內容。因為《中氣論》是《二十四氣拳譜》的首篇，故《中氣論》是《二十四氣拳譜》的另一名稱[14]，所以《縣誌》中說陳天卷得力《中氣論》，萇克儉習《中氣論》，總之，這是萇氏著作的最主要的部分。

從宋茂源的序文中，可以看出袁本雖然把名稱改為《培養中氣》和《武備參考》兩部分，竄亂了原本，可是對萇氏遺著的主要部分，仍然能保存下來了。不過編次和原編不同，並且雜收了《武備參考》中的一部分東西，所以搞得混亂。《武備參考》應該是《中氣論》以外的另一部遺著

[14] 「中氣論」是萇家拳武術理論的總名，包括《中氣論》、《養氣論》等，不是《二十四氣拳譜》的另一名稱。萇家拳譜及理論的總名最早是《養練全書》。

的總名，其中就包括《青龍入海》、《羅漢拳》等十八種拳械，還有不見於此十八種而見於袁印本中的《槍法》及《雙劍》。可能還有其他拳械的篇目，或者失傳，或者漏記。

總之，《武備參考》當是一個總名，《武備擇要》是《武備參考》的一個選本[15]，我想萇氏原編大概是如此。袁印本雖然編次雜亂，但還保存了萇氏原著分編兩部的痕跡。從袁氏印出的資料來推想，可能《武備參考》及《武備擇要》中的東西，已多散失，所以袁氏把存留下來的或就他所得到的《槍法》、《猿猴棒》、《雙劍名目》併入《培養中氣》中。

現在汜水一帶，可能搜到一些袁氏印本以外的資料，但是就用袁氏印本的資料（即經我改編的《萇氏武技書》）來研究萇氏的武術，也可以清

[15] 有人說《武備參考》又名《武備擇要》，但還沒有見到這兩本書。萇家拳中的拳、槍、棍、劍等譜，書前大都有萇乃周寫的序。萇乃周的著述，現在能見到的有十多種，丟失的可能更多。

理出一個體系，找到這一派基本內容和要點、特點。其他資料，能夠找到，自然多多益善，如果找不到，關係也不大。

六、拳派的繼承人表

萇氏武術的繼承人，已見於上面搜集的材料中，為使眉目分明，再列表如下：

表一

萇乃周	柴如桂		
	李文發		
	李根圖		

	高六庚	高廷琳	
	陳天卷	陳振萬（天卷子）	陳玉書（天卷孫）

以上是清楚的三傳。

表二

萇克儉 萇克俊（克儉弟）
此兩人不知與乃周是什麼親屬關係。據《縣誌》，這兩人曾助清朝統治是與起義的捻軍為辭，那麼應當是咸豐、同治年間人，從時間上推算，應該是乃周的孫輩或曾孫輩。

表三[16]

萇德普	乃周的玄孫，武術為乃周的四傳。
袁宇華	德普的弟子，乃周的五傳。

表四

柴卓如	柴氏曾在一九二一年一月「北京體育研究社」編印的《體育季刊》上發表過《儒拳師萇三》和《黑虎掏心柴如桂（桂原文作柱）》兩文，可能與萇氏武術有淵源。

⑯ 按《萇氏家譜》萇乃周是十二世，萇克劍是十七世，萇克儉的祖上萇溶是乃周的伯父，他們是本家。

第三部分　結　語

萇乃周在武術上有巨大的成就，確是由於他的勤修苦練，虛懷求進。尤其值得重視的，是他專心一志，打破一切難關與反抗封建舊社會的束縛的精神和毅力。

在舊時代封建社會裏，讀了幾句書，學會了八股文的人，往往看不起一切，心目中就是：「萬般皆下品，唯有讀書高。」有的秀才們甚至對愛好詩賦，忽略了八股的人，都要藐視，認為不學正經學問，專務雜學。何況學拳棒，更是要當作下流看待了。

萇氏遺著的《初學條目》有一條說：「學拳不可令腐儒輩知之。一知之，便自引經道古，說出多少執謬無干話頭，反惹人心生嗔。謹避之可也，密藏之可也。」這不是空話，而是針對當時實際情況說的，而且還隱藏著他自己經歷的事實。

遺著中說：「余成童苦嗜武，讀書之暇，他務不遑，專以舞蹈為樂。雖先兄屢訓，私愛終難自割。」這就是他學武的第一難關。

他的先代，只有貢生、秀才，並沒有習武的人，他的長兄又是取得進士的人。以這樣的家世，這個有地位的長兄來反對他學拳，而他竟就不顧一切，衝破難關。在那時的封建社會裏，這種堅強反抗的精神，是值得稱讚的。

他並不是不會做文章，從他留下來的一首詩，和他的遺著中的文筆來看，是有應考求官的本錢的，而且他確也是個貢生。然而他不再去考舉人了。

據宋茂源說：「因篤習拳棒，不求進取，故功名輒止，學弗大就。」可見他成為秀才之後，根本就沒有再去應舉人的考試，並不是考而不取。

那麼他為愛好武術而犧牲功名，確是事實。這樣愛好技術的行徑，在

那時封建社會裏，也是難能可貴的。他罵一般拘守常規的讀書人為腐儒，這就連他的親兄也罵在內了。可見他對封建社會的一套束縛人的舊禮教，表現出一定程度的厭惡。

但他還只在和他興趣抵觸上感到封建社會的束縛，萌芽著爭取自由的意念，並不是對生活的各方面都感到封建社會的壓迫，所以他的進步性不大。而且他也迷信道教，要想練成「金丹不壞之體」、「超凡入聖」（見《中氣論》），這是他的落後面。

書中還說：「不可輕與暴虐人比試，輕則以為學藝不高，重則觸其惱怒。見時以奉承為主，不可貶刺，則彼心悅意解，彼亦樂推戴我矣。」這在封建社會裏，可算是一種高明的處世哲學吧！

現在我們必須反對這樣虛偽自私的想法，對暴人可以不與比試，但不當奉承他，希望他也樂推戴我。《萇氏武技書》中這種使人迷惑的話，不可受其影響。

他的得意弟子中，柴如桂是清朝統治階級的爪牙，罪惡是重大的，但武藝確是高強，所以能訓練一批人幫助統治階級去鎮壓農民，成為白蓮教起義軍的兇惡敵人。

這一方面說明了萇氏的教學，不能影響學生，使走到人民方面去；另一方面又說明了他的武術，確是有技擊上的實用性的。

自從萇乃周以武術成名，在他之後，萇氏子弟就不斷地有學武術的人。直到乃周的玄孫輩還傳授不絕。汜水縣的監生高六庚、高廷琳也精於武藝了。凡是從乃周讀書的人，多少都學了些拳棒。這對汜水縣崇尚武術的風氣，起著一定的作用。

萇乃周的武術，除技能高超外，還因為他取得了貢生的地位，又能引據經書來談一些理論，所以他的聲名甚高。在他以前的高手虎牢張八，就沒有人重視。如果不是經過乃周的表彰，可能到如今不會有人知道了。他在汜水縣開了崇尚武術的風氣。

田金祺所修《汜水縣誌》在《萇乃周傳》後還附記傅小德[17]、潘岳嵩兩位武術家，可見汜水經過乃周提倡後，大家對武術的高手都重視起來，所以傅、潘的姓名，也歷久傳說不絕了。

袁宇華印萇氏遺著在一九二一年，距離現在只有三十九年，很可能萇氏一派的武術，還在汜水一帶流傳。如果到汜水一帶進行調查，可能獲得更多的研究資料。

---

⑰經調查，傅小德是萇乃周最小的徒弟，初學外門拳，後投乃周門下，服侍乃周最長，得道最精。在汜水一帶，除乃周、如桂外，小德的故事最多。

下編

萇乃周武技述評

第一部分　拳術

萇乃周對拳術有一套完整的學說，為便於分析論斷，把它分成三個方面來研究。(1)中氣理論；(2)動作姿勢；(3)練法和用法。

一、中氣理論

萇氏遺著中，以《中氣論》為第一篇（袁宇華印行的舊本中就是如此）。這篇內所用的名詞，如「先天真一之氣」、「外丹」、「內丹」、「結胎還元」、「元竅」等，都出於古代道書，很不容易懂得。就在古代道書中，也是各說不同，很多是說得玄玄妙妙，使人越看越糊塗。

我想用現代生理學的科學理論，結合我在武術的內功、靜坐的氣功方面的一些經驗，作出說明。這並不就能算是科學的說明，只能作為一份初步研究的材料。

《中氣論》一開端就說：

「中氣者，即仙經所謂元陽，醫者所謂元氣。以其居人身之正中，故武備名曰中氣。此氣即先天真一之氣，文煉之則為內丹，武煉之則為外丹。然，內丹未有不借外丹而成者也。蓋動靜互根，溫養合法，自有結胎還元之妙。俗學不諳中氣根源，惟務手舞足蹈，欲入元竅，必不能也。」

這裏要弄清楚的，主要是「元氣」、「元竅」的概念。「元氣」又怎樣「居人身之中」。

什麼是「元氣」？以我的體驗，醫書中所說的「元氣」，道書中所說

的「先天真一之氣」，確不是指鼻中呼吸之氣，而是一種體內的類似氣流的現象，也許是神經的波動。它雖不是鼻中呼吸之氣，卻和呼吸之氣相應。如果呼吸不能達到深細程度，這種內體現象不會有的。

為什麼說它不是呼吸之氣呢？可以靜坐的氣功來說明。在靜坐中，呼吸做到極深細時，會有一種內體感覺，覺得鼻孔氣的出入，由微乎其微，直到不覺有氣出入。此時腹內如有輕微的氣息在方寸之地上下升降，上或至臍下，或在臍下二三寸間，這說是古人所說的胎息。

葛洪《抱朴子・釋滯篇》說：「得胎息者，能不以鼻、口噓吸，如在胞胎之中。」這樣的胎息，就是「元氣」，也就是「真一之氣」。萇氏《中氣論》說：

「人自有生以來，稟先天之神以化氣，積氣以化精。當父母媾精，初凝于虛危穴內，虛危穴前對臍，後對腎，非上非下，非左非右（原文為飛字，按文義應改作非字——著者），不前不後，不偏不倚，正居人一身之當中。稱天根，號命門，即《易》所謂太極是也。」

從這段話中，可見「中氣」、「真一之氣」、「胎息」只不過是身體內部的一種現象，這一現象，並不是呼吸之氣外另有一種氣在活動，也並不是呼吸之氣直達丹田（丹田，葛洪《抱朴子・地真篇》說：「在臍下二寸四分」，李時珍《奇經八脈考》說：「在臍下二寸」）。如果說是呼吸之氣，可以直達腹部，這和生理學、解剖學的科學論斷是不合的。如果說是內呼吸，那麼，內呼吸只有氣體交換的彌散，並不就是呼吸之氣上下直出直入，而且彌散也不是在某一處集中換氣的。

因此，我認為這是一種神經的波動現象，我們在專心一意，苦思某一問題時，有時會感到頭腦發脹，有時腦中也會起些震動。這是意念能夠使

神經發生某種現象的證明。

「胎息」也不過是意念使神經發生的一種現象。依生理學來解說，腹腔有最大的交感神經結。當呼吸到極深、極細時，不但肋間肌動得很少，就是腹壁肌和膈肌也是只做輕微活動。在靜坐練氣功時，一面使呼吸深細，一面有意識地想像著出入的氣直到腹腔。

這一想像，對出入之氣來說是假象，但是從大腦最高級的皮質部分來說，在它統一的指揮調節下，腹腔交感神經的興奮與呼吸作相應的活動，就會形成這種伴隨現象，而這種現象，古人就說它是胎息。其實，並不是呼吸之氣真達丹田。

那麼，所謂先天的氣，實際上只是神經活動所形成的內體感覺而已。凡道書所說的通任督脈，全身一氣流轉，都是神經在某種情況活動下所發生的現象。

什麼是「元竅」？萇氏所說的「元竅」就是他所說的「虛危穴」。從他的書中看來，「虛危穴」是比丹田要上一些，但從靜坐練氣的經驗來說，丹田不一定限於臍下幾寸幾分，可以是腹內較大的區域。據我練太極拳與氣功的經驗，臀部一收，臍下大約二寸處的升降活動，必上及於臍，所以丹田並非固定在臍下幾寸幾分的地方。

再檢萇氏別的幾篇，如《咽肉變色論》、《聚精會神氣力淵源論》都說到「中宮」，《養氣論》說：

「上在離，下在坎。離中虛，在頂際為陰，又坎中滿，在命門為陽。中宮在臍下為黃房，陰陽交會之處。心為君火，命門為相火，君火動，相火隨之；君火為主，相火輔之。火即肝氣，陽也。坎宮之陽氣，由後而過於前，自下而升於上。離宮之陰氣，自上而降於下，二氣相交於中宮，則氣聚矣，氣聚則力生矣。」

命門在什麼地方呢？在脊椎十四椎下❶。這是說，用意把臀部一收，肋骨緊縮，就會使腹部鼓起，腹內從臍部以下二三寸，都覺得充實，這就是「二氣相交于中宮」的景象。這就找到了「元竅」。他在《中氣》篇中說得更明白：

「氣由腎發（『由腎發』可證明書中說的命門，是指脊椎十四節那裏），自後而前，由襠中過來，自下而直往上沖。必須下閉穀道，氣方不下泄。至氣上沖至胸上，幾乎欲出矣，必須用口盡力一吸，上閉咽喉。氣由上而直下，至丹田，兩肩一塌，兩肘一沉，兩脇一束，氣自擊於中宮，不至胸中無物矣。吸氣即所謂納氣如吞川也。」

❶ 據王叔和《脈經》。

很顯然，這樣一個收束的姿勢，全與太極拳的合勢相同。而所謂氣的活動景象，實際上只是在做這一動作中腦神經所反映的內體感覺。文中所說「肩一場，肘一沉」，這和太極拳家所說「鬆肩，沉肘」是同一姿勢。所說「兩脇一束」和郝氏開合太極拳所說的「護肫」❷一致。這樣做時的內體感覺是腹中充實圓滿，但絕不是飽滿膨脹的感覺。

上面所說的內體感覺，就是萇氏所說的中氣現象。武功練到有此現象，萇氏認為已經煉成外丹。

《中氣論》中說的「武煉之則成外丹」就是指此。用現在生理學的道理來解釋，就是用特定的練法，就是由外至內，從端正練拳姿勢入手的方法（練法的詳細說明在以下各節中），訓練神經系統，提高它對肌體內層

❷「護肫」是肋間肌收縮的姿勢。郝氏所說的「護肫」，陳家溝太極拳家稱為「束助」。見陳子明所著《陳氏世傳太極拳術》，在書中《十三勢術名及其演練法》說姿勢中常用此一名詞。

指揮調節的機能；同時，提高它對內臟器官和血管管制調節的機能，使肌肉完全聽命於神經，神經更能聽命於意識，把全體內部的整個合步活動，做得更和順自如，使肌體和內臟的深部，即使全身的微血管（毛細管）與每一肌肉纖維，每一神經纖維，都得到適量的運動鍛鍊，而提高其工作效率。

由此隨著內體現象得出了某些內體活動感覺。這種感覺，就被古代的養生家、武術家認為找到了「先天氣」，煉成為「外丹」了。

這裏必須說明一點，所謂神經聽命於意識，並不是說意識是憑空而來的，它是在神經通過感覺思維的反映活動中獲得的認識判斷，但它又反過來作用於神經，向神經提出要求，推動其發展。

最後要說明一下，怎樣才是「元氣居人身之中」；同時也要說明一下「內丹」指的是什麼？

所謂「元氣居人身之中」，就是元氣能在元竅中出現，即是上文所說胎息的現象。以及內體氣流現象出現於肌膜和脈管間。再進一層，內體氣流現象還能出現於骨髓管內。這就做到「元氣居人身之中」，這就是上面所說的「外丹」煉成的現象。

「內丹」是把神經訓練到更能符合意識的要求，對機體和內臟的調節功能發展到最高度。有些關於練功的記載，敘述在靜坐中，可以達到物我俱忘，渾然與天地為一，即是意識能控制神經，對內外環境不反映什麼。如《莊子・大宗師》篇所說「墮肢體，絀聰明，離形去知，同於大通」的「坐忘」。這也不過是中樞神經系統「優勢法則」的一種體現。如果誤認為意識是神經以外的什麼力量，這是唯心主義觀點，這是極大的錯誤。

以前道家連萇乃周在內，以為內丹非常神秘，就因為沒有弄清楚神經與意識的關係。現在來看，意識控制神經，使對外界事物（包括環境的事物和歷史的事物）不作思維的反應，而讓抑制思維的意識獨佔統治地位，這就可以達到所謂物我俱忘，渾然與天地為一的境界。而這種以意識控制

神經的訓練，和練武功的控制神經，基本方法是一致的。

在具體練法上，則武以動練（由拳術等入手），文以靜練（從靜坐入手）。從動練進入靜練，比較有把握，而且功效也易見。

萇氏所說：「內丹未有不借外丹而成」，「動靜互根，溫養合法，自有結胎還元之妙。」其實質就是如此。

去除了他加上的迷信色彩，就實際道理來說，並沒有什麼神秘玄妙。這對養身治病確有很大的益處。但是萇氏受到歷史條件的局限，不止在《中氣論》中夾入宗教迷信的雜質，他處亦有引人入迷信的語句。

如在《合煉中二十四勢》篇中說：「豈知此番講究（「此番講究」是指該篇上文所談內外部各種練法說的——著者），乃內丹根基。……大可以反本還源，超脫飛升，小可以強筋健骨，卻病延年。」

這幾句話裏有必須揚棄的糟粕。書中的糟粕，也不止涉及宗教迷信的方面，還有其他不必要的牽合附會，如拉扯五行等說法，我們現在就沒有跟著他去鑽牛角尖的必要了。

二、動作姿勢

1. 內功拳概說

內功拳術必須細緻地講究動作的姿勢，要深入鍛鍊到肌肉內層，要練到內臟血管的活動和肌體達到精密的協作，以達到技擊與養生的雙重目的。所以，內功拳的練法是很複雜的，但這種練法，對訓練神經、控制調節身體內部活動（包括肌體內層和血管與內臟器官的活動）可以有步驟、有把握地循序而進。

拿練內功拳和練靜坐的氣功比較，練內功拳看似困難，其實，只要明白了理論，熟練了主要的基本姿勢，就會自己探索求進步；比到靜坐的氣

功，一上來就直接訓練腦神經的自主活動更容易些，也不至於發生身體上某些不正常現象；對健康的作用上，則和靜坐的氣功可以獲得基本上相同的效果。

因此，練內功拳必須重視姿勢，先要把基本姿勢做正確，進而對細微的動作一一注意，不可疏忽。這就會越練越精。工夫純熟後，要加練靜坐的氣功，是很容易見效的。

萇氏所說內丹借外丹而成，是由此體驗出來的。萇氏書中從基本姿勢到精細的動作，都有比較具體的說明，舊拳譜中說得如此詳細的還很少，但寫得還嫌分散。現在把它提出要點集中起來，再加條理化，並加闡說，看起來就更容易懂得了。

2. 陰陽、入扶、轉結的涵義

要理解萇氏拳術練法的第一要點，必須明瞭陰與陽、入與扶、轉與結的涵義。陰陽的涵義，很古就用來代表一切對立統一的事物，萇氏運用陰陽來闡明內功拳術有四種不同的概念。書中說：

「督脈行於背之當中，統領諸陽經。任脈行於腹之當中，統領諸陰經。故背為陽，腹為陰……俯勢為陰勢，卻是入陽氣，益督脈，領諸陽經之氣，盡歸於上之前也。仰勢為陽勢，卻是入陰氣，益任脈，領諸陰經之氣，盡歸於上之後也。」

——《陰陽入扶論》

又說：

「手背為陽，膊外為陽，三陽經行於手膊之外也。……手心為陰，膊內為陰，三陰經行於手之內。……足背為陽，腿外為

陽，三陽經行於足腿之外。……足心為陰，腿內為陰，三陰經行於足腿之內。」

——《陰陽亂點入扶說》

又說：

「高者為陽，低者為陰；仰者為陽，俯者為陰；伸者為陽，屈者為陰；動者為陽，靜者為陰；正者為陽，側者為陰。」

——《陰陽轉結論》

從以上諸說中，可見書中所用陰陽，有的是說氣的陰陽，有的是說身體部位上的陰陽，有的是說動作的陰陽，有的是說姿勢的陰陽。氣的陰陽是呼吸與某種內體的感覺，這一點到下面說明入與扶、轉與結的涵義時再談。

身體部位上的陰陽，是按照醫書任督脈與三陽經、三陰經來說的。以現代生理學來說，軀幹與四肢的伸肌，都屬於陽；軀幹與四肢的屈肌，都屬於陰。

動作的陰陽，就是俯仰、屈伸、動靜等。

姿勢的陰陽，就是低高、正側等。

雖然陰陽所指有這些不同的涵義，但都是互相聯繫、互相貫通的，其聯繫的紐帶，就是入與扶，轉與結。入與扶的涵義如何呢？

書中說：「俯是陰勢，卻是入陽氣……仰是陽勢，卻是入陰氣。」

從呼吸與內體感覺和隨意肌的伸縮現象來說，當做俯勢時，由於脊骨的伸長，背長肌被拉直，這時氣是在呼出，在內部感到脊骨中有一線氣流從下而上，經過頂門下到腹部。當做仰勢時，由於脊背部肌肉的收縮，胸部肌肉的伸展，又覺得從腹到胸，有一線氣流流過頂門，一直落到腰間。

這種內部感覺，還沒有得出科學的解釋。

但就這一現象說，是軀幹、四肢屈伸肌的活動，與神經在隨意肌間的波動所形成的。做這樣的活動時，還不只在胸背部有似氣在流動的感覺，就是四肢和全身，也覺得有氣流在動盪著，在手指上，更顯然有些顫動，這是血液循環旺盛，大量微血管（毛細管）開放所引起的內部感覺。可是，在做俯仰、屈伸、迴旋、轉折的動作時，全體屈伸肌的活動，必須保持在一定限度之內，便須轉換，這就要做到伸不挺直，屈不僵滯；伸必留有餘地，屈必保持舒鬆。至於俯仰，亦是如此，所以書中說：

「以俯勢入陽氣，不將陰氣扶起，則偏於陽，必有領拉前栽之患。仰勢入陰氣，不將陽氣扶起，則偏於陰，必有掀推後倒之憂。」

——《入陽扶陰入陰扶陽說》

可見所謂入，就是目的性的動作。所謂扶，就是調節性的動作。做前俯的動作，手雖前伸不可令身前撲，必須注意的是，身子反要後屈，這才不會被前的動作把全身牽動，以致向前栽跌。當做後仰的動作，不可全身直起，必須注意的是，身雖提起，背脊不可完全伸直，以保持胸腰間的曲勢，這才不會被後仰的動作把全身牽動，以致向後傾倒。向左右面的側勢，亦是如此。這是維持重心穩定，同時又是運動得力的準繩。

萇氏文中用入用扶，是據內部感覺來說的，現在多從外部動作來說明，可以說得更容易懂些。但是，這些動作，確有內部空鬆與外部發勁動作一致的內容，也與收勁時的吸，發勁時的呼相一致（是自然的一致，不是著意去配合）。這和專就外部動作來達到攻守目的的練法，有其不同之處。因為專練外部動作，不按內功方法來練，內部感覺是不會有的。所以萇氏用入和扶來說明內外一致的活動情景，是有一定意義的。

轉結的涵義又是什麼呢？這是說入扶在動作中轉換地位的法則，當陰

陽到達將要轉換主要位置的時候，變就是轉，接就是結。書中說：

「勢高者必落之低，陽轉乎陰也。若高而更高，無可高也，勢必不連，氣必不續。勢低者，必起之以高，陰轉乎陽也。若低而更低，無可低也，勢必不連，氣必不續。俯仰屈伸，動靜側正，無不皆然。間有陰復轉陰，陽復轉陽者，此一氣不盡，復催一氣以足之也，非陰盡轉乎陰，陽盡轉乎陽也。明乎此，轉關有一定之勢，接落有一定之氣，無悖謬、無牽扯矣。」

——《陰陽轉結論》

可見陰陽轉變有其一定的限度。這限度就是伸不能再伸，再伸就成挺直。屈不能再屈，再屈就成僵滯。這是勢盡則變。變的限度，是在到了不轉不結，就是出現錯誤的姿勢的時候。這是轉結動作的標準。所以在「無悖謬、無牽扯矣」下接著說：

「蓋勢之滑快，氣之流利，中無間斷也。一有間斷，則必另起爐灶，是求快而反遲，求利而反鈍也。」

——《陰陽轉結論》

這話說得很明白，不許做到挺直僵滯（不止限於手足，連身段也是如此）的時候才變，必須在舒鬆有餘的時候就變。如到挺直僵滯，不但不靈活，而且必先做穩定全身的動作，才可再施展手腳。這就是「一有間斷，則必另起爐灶。」其間停頓安排，即使在頃刻之間，也是授人以可乘之隙，所以說「是求快而反遲，求利而反鈍也」。

凡萇氏所說陰陽、入扶、轉結的涵義具如上述。書中還有《入陽附陰，入陰附陽說》一篇，附與扶有什麼區別呢？實際上附就是直轉過去。

文中說：

「以背為陽，太俯而曲，則督脈交任，過陽入陰，陽與陰附合也。腹為陰，太仰而彎（原文作灣，誤。灣是水流彎曲的地方，與文義不合。彎是屈曲不直，合文義），則任脈交督，過陰入陽，陰與陽附合也。陰催陽，陽催陰，循環無端，凡斤斗旋轉勢用之。」

這個入附的姿勢，只有兩處用得著，一是用於斤斗的前後滾翻，二是用於全身的左右旋轉，所以不稱入扶而用入附。正面姿勢是一俯一仰（俯仰不一定是顯然的前俯後仰，一縮一伸也就是俯仰），這裏所用的是一入一扶。側面姿勢是或左或右，這裏所用的是併入並扶。胸背與手膊開合，這裏所用的是分入分扶。「勢旋轉而不停，氣亦隨之而不息。」這要用旋入旋扶。

所謂旋入旋扶，其實就是上面所說的「入附」，所以「入附」也在入扶之內，並非另是一法。其所以和別的入扶小有不同，則因其他的轉，帶有折意——這就是結。「附」則直轉、不折，而旋入旋扶也是不折之轉，與「入附」是異名同實。至於「陰陽斜偏十字入扶」，不過是側勢的變化。「陰入陽扶，陽入陰扶」，不過是正勢的伸縮。「陰陽亂點入扶」，不過是各勢迅速的變化，其中有轉有結。

總而言之，要發揮陰陽、入扶、轉結的作用，一是保持活動時軀幹的輕靈穩定；二是以穩定的軀幹位置，保證四肢和全身骨骼的變化自如，隨意肌能做細緻的活動；三是保證活動得圓活迅速。

3. 三尖照是拳式的基本姿勢

其次要做好「三尖照」，這是拳式的基本姿勢，所以萇氏說三尖是氣

的綱領。三尖照的姿勢怎樣呢？書中說：

「如十字左腳前右手前者，右手正照左腳尖，頭照右手，則中下一線，不歪不斜，必穩。側身右腳前右手順勢者，頭照右手，右手照右腳。餘仿此。」

——《三尖照論》

頭以鼻尖為準。在《論初學入手法》中說：

「三尖照者，鼻尖、手尖、腳尖上下一線相照也。」

這一姿勢，能夠把身體放得中正停勻，重心穩定。譬如擺一個右前左後的式子，在動右邊的手足時，左邊下肢的肌肉能夠用不多的力量來抵抗地心吸力，維持全身的穩定。而且是準備好一個條件，能使右腿的力，在膝和足根扭旋下沉與左右兩肩的下沉、胸腹部肌肉與肋間肌的收縮同時並動，把這整個力量集中在一動之頃，由腰脊導向發勁的右手指上來。通過這個姿勢，可以實現陰陽併入陰陽並扶的技擊作用。

由這個舉例，可知任何式子的變動，都不可離開這一基本姿勢的準則。

4. 頭與軀幹四肢的姿勢

其三是頭與軀幹四肢的姿勢。

頭：頭是領著身體活動的。身體的變化，不出於俯仰、正側、斜側、左右旋、直起直落六種動作，頭在領導俯仰等動作，必須身勢和順，不可彆扭。萇氏說：

「頭為諸體之會，領一身之氣，頭不合，則一身之氣不入矣。如俯勢而頭仰，則陽氣不入矣。仰勢而頭俯，則陰氣不入矣。左側俯勢而頭反右歪，則右半之陰陽不入。右側俯勢而頭反左歪，則左半之陰陽不入。側仰勢亦然。直起勢頭反縮，則下氣不得上升。直落勢頭反頂，則上氣不得下降。旋轉而右，頭反左顧，則氣不得右入。旋轉而左，頭反右顧，則氣不得左入。」

——**《三尖為氣之綱領論》**

那麼，俯仰正側的限度該當怎樣呢？《論頭》篇說：

「正俯勢……氣落額顱印堂間。正仰勢……氣落腦後風府間。正側勢……氣落頭角耳上邊。斜側俯勢……氣落額角日月間。直起勢……氣落百會正頂心。」

這就說明俯仰正側的限度，要從內體感覺來決定。例如，俯勢下彎身體，做到頷與眉間有一些緊張感覺，不可再向下彎，再下彎就超過限度，將使重心離位，動作受到牽扯，不能靈活自如了。餘可類推。

軀幹：軀幹的姿勢，腰、臀、襠都說得明白，只有胸部姿勢沒有明確地說。但仍可以探索出來的。

胸：《中氣》篇說：

> 「氣由腎發，自後而前，由襠中過來，自下而直往上沖。必須下閉穀道，氣方不下泄。至氣上沖至胸上，幾乎欲出矣，必須用口盡力一吸，上閉咽喉，氣由上而直下，至丹田，兩肩一塌，兩肘一沉，兩脇一束，氣自擎于中宮，不至胸中無物矣。」

要做這樣的動作，胸部必然是合的。

腰：腰部怎樣呢？

「腰如雞鳴捲尾。」——《論外形》

那麼，腰是直中帶圓姿勢。

臀：臀部姿勢怎樣呢？

「襠口前開後合，中間圓。」——《論外形》

這是說襠的姿勢。要做到這樣，就必須收斂臀部。在《聚精會神氣力淵源論》裏說到聚氣之法是：

「將轂道一撮，玉莖一收。」

這也必須斂臀。軀幹的姿勢，最重要的部分就是胸、腰。而胸與腰的姿勢又決定於臀。書中既已明白地說出臀部要收斂，襠要中間圓，腰又是直中帶圓的姿勢。那麼，胸部姿勢自然非含不可。

四肢：四肢的姿勢，先從關節說起。上肢三大關節是肩、肘、腕，下肢三大關節是胯、膝、距（距是小腿與足接合的關節）。各關節在運用時的變化，下面再說。現在先說它的基本姿勢。

肩：肩是下沉的。在《中氣》篇中說：「兩肩一塌，兩肘一沉，兩脇一束。」這在前面《中氣理論》節中已經說過了。在《手》的七言歌訣中也說：「兩肩垂兮十指連」，這也可證明肩的姿勢是下塌的。但是在《平肩》歌中又說：

「兩肩擎起似運擔，擎氣全在肩骨尖，前開後合天然妙，雙峰對峙自尊嚴。」

這又似乎是把兩肩聳起。在《論頭》篇說：「直起勢陰陽上沖，頭必頂，肩必聳。」這是如何解釋呢？這是用時的變化。而且也只是隨著頸項肌肉的伸直，而帶著肩胛有上提之意，絕不是顯形顯相的高聳。經常姿勢，肩必下塌。萇氏在《十二節屈伸往來落氣內外上下前後論》中一再說到「脫肩」，在《論手足》歌中也說：

「出手脫肩裏合肘。」

《論初學入手法》中也說：

「大凡初學入手時，兩肩務要鬆活，不可強硬。」

「脫」和「鬆」不是經常用塌下勢訓練，是做不到的。

肘：肘尖要下沉，在《中氣》篇中已說到。此外如《肘》歌訣說：「兩手垂兮兩肘彎。」（原文作灣，誤。說明見前）《論初學入手法》說：「兩肘務要內連向下。」這都說明肘的姿勢是下沉的。

腕和手：腕的姿勢，在用拳時，以和橈骨、尺骨齊平為原則。《論用功》篇說：

「拳頭要搦得緊，與胳膊（即腕關節，掌與尺骨、橈骨接頭處——著者）平直相對，不可上仰、下勾、外邪。……若拳頭上仰如抬頭狀，下勾如提勾形，外邪如扭頂樣，不惟力用不出，打人不著重，落到人身，必致損傷自己手脖。」

用拳是如此。用掌則須隨出勁的目的而變化。《三尖為氣之綱領論》說：

「指法之屈伸聚散，手腕之俯仰伸翹（原文作驕。按《玉篇》：「驕，引也。」《集韻》：「引，弓也。」字當作翹，翹，舉也。下同。——著者），一有不合，則膊氣不入矣。如平陽手直出者，而反掌勾手，氣亦不入。平陰手直出者，而反掌勾手，氣亦不入。陰手下栽者，掌翹，則陽氣不入。陽手上沖者，掌翹，則陰氣亦不入。平陽手前蕩者，腕勾，則陰氣不入。平陽手栽打者，腕勾，則陰氣亦不入。側手直打者，跌手，則氣不入。側手沉入者，翹手，則氣亦不入。餘可類推。」

這裏所說種種變化，總不外乎一個要點，就是手腕必須和肩、膊、肘與掌的動向扭合一致，不可使用力方向參差，把力分散。

如以複掌（平陰）、仰掌（平陽）為例，必須腕與掌背齊平，橈骨處關節屈，尺骨關節直，指亦必須直而不曲，力才達得出去。反掌是掌與橈骨該曲而反直，尺骨與掌該直而反成勾了，這樣背部的肌肉、肩的關節、臂和指的屈伸，不能向一致的方向直達，則用於攻擊目標的力，就被方向的參差分散了。

例如側手直打，也必須尺骨與掌的外沿對齊平，打下方能一氣。跌手是手向下垂，尺骨反曲，橈骨反直，如果用這樣跌手勢向下打，那麼，在掌沿上的著力點完全透不出了。

由此可知，腕的動作姿勢，就在扭合手與臂，使其動向一致起來。

胯：胯和臀與襠的姿勢，是緊密相連的。既然臀部是收縮的（絕不向後突出），「襠口前開後合，中間圓。」《論外形》那麼，胯關節必然是取直勢而不是取向外開擴之勢。胯的歌訣說：

「一胯擎起一胯落，起落高低使用多。下體樞紐全在此，莫把此地空蹉跎。」

這是說胯的運用，這和著力在兩腳尖是一貫的。這樣運胯，也可證明胯是外直內夾的姿勢。

膝：書中《膝》的七言四句，是說的技擊用法，不是姿勢的說明。只有《論初學入手法》和《初學條目》中可以看出膝的姿勢。膝的姿勢是與腿和步法聯繫在一起的。在《論初學入手法》中說：

「若兩手之左右屈伸（原文作曲伸，曲字誤。屈常與伸對舉，曲則常與直對舉。高低屈伸同此——著者），則因人之勢遠近而用之，實無一定之規矩。總因人手之遠近高低，我手亦隨之高低屈伸。惟兩腿之曲直（原文作曲伸，伸字誤。解說見前——著者）卻有一定規矩，前腿固不可太曲，太曲失於跪膝；又不可太直，太直嫌於直硬。後腿之曲直，全視步法之大小，大步法後腿舒展，力方用得出。小步法後腿曲直，與前腿曲直不大差別。……大步法身必稍斜向前，半側勢。小步法身須放在兩腿當中，亦必半側勢。」

在《初學條目》中說：

「學拳無論偏正反側諸勢，宜將身子擱於兩腿中間，方能穩如泰山。」

又說：

「學拳前腳橫立，大足指心氣宜往內勾，後腳豎立，後跟往外一擰，兩膝相對，既無不牢之病，襠亦護得住了。」

從以上三處看來，膝經常是取半月形的姿勢，兩股都斜向下，很少用騎馬跨虎弓箭步。

距：距關節上承於膝，下繫於足。按萇氏在《論足》篇中說到步法有多種，但其經常練拳的姿勢，是兩足腳尖著地。《論初學入手法》說：

「務須腳尖著地，絕不可平放，平放致起腳不利。前腳必須向前順踏實，要腳尖點地。後腳必須斜放，亦不可太實，使全腳履地。」

《論用功》篇說：

「腳不可平放，全腳履地，將力用死，致犯轉勢不捷之病。惟用腳尖著地，落點一盡，方無不穩不靈之患。」

可見足尖著地，是萇氏步法的基本姿勢。那麼，腳的距和跗關節必須略向外擰，脛骨與足背接榫處，自然以弧形的姿勢為多，除出勁落點，腳須平放外，很少有成為角度的。

上面是頭、軀幹、四肢的動作姿勢。現在再把手和足的基本姿勢詳述於後。

手：手不離乎掌、勾、拳三式。萇氏說掌法是：

「研手，氣落小指外側；蕩手，氣落後掌。此二手五指並排一片，指尖翻翹，餘手俱宜五指圈撒，羅列周圍，指節勾握如弓，氣方擎聚不散。」

研手，別的拳派也稱計手、掩手，都是一聲之轉。其形式是指尖朝上，用掌沿向面前打出時，用的是掌沿。演練時亦然。所以要氣落小指外側，因為意能使內勁達到小指外側，掌就能在豎掌側擊的式子，達到全身向某一目的發出的勁集中到掌沿上去。蕩手和研手的區別：研手是向前側擊，蕩手是向外橫開。《論手》篇說：

「如豎敵手、回勾手，大指與小指相對領氣。」

豎敵手就是研手和蕩手的掌式，不過豎敵手是從掌的形式上取名，研手、蕩手是從運用上取名的。平陰手、平陽手大指與中指相對領氣，這都是直出的。仰掌為陽，俯掌為陰，這兩種掌法，掌都是平直而出的。這就必然是指尖朝面前出勁，不能作「指節勾握如弓」的姿勢了。回勾手就是勾的式子，這個形式，書中沒有詳說，從《二十四字圖說》中「雙虹駕彩」、「燕子雙飛」、「飛雁投湖」等圖像看，不論是正勾手，如「雙虹駕彩」，反勾手如「飛雁投湖」，都是五指撮聚的。所以必須「大指與小指相對領氣」，然後其他三指都能得力。

拳：拳的捏法是要：

「握固其指，團聚其氣。其揝❸法，以大指尖掐對食指第三節橫紋，四指捲緊握固，一齊著力，必使分之不開，擊之不散，方為合竅。」

——《**論拳**》

❸原文中的「揝」應改為「揝」（音ㄗㄨㄢˋ，意為「抓」，「握」）。

這一種搯拳法，和一般拳式，以大指前半節緊搭在食指、中指的中間的形式不同。

足：足的姿勢，上面說距和跗關節的姿勢時，已經說到一些，基本的形式是兩腳尖著地，但《論足》篇說：

「有兩腳一虛一實者，有兩腳前虛而後實，後虛而前實者。有左虛而右實者，右虛而左實者。有一腳之尖根楞掌，應虛而應實者。總之，不實則不穩，全實則動移不利，而有傾倒之患；不虛則不靈，全虛則輕浮不穩，而有搖擺之憂。虛實相濟，方得自然之妙。」

從這段文字看，也不是兩腳老是足尖著地的。尤其是「根楞掌應虛而應實」的說法，更證明有時腳是全落地的，如果只是腳尖著地，根楞掌就只能有虛而不能有實了。而且《論足》篇中還說：

「有丁字步，一腳橫，一腳順。有八字步，兩腳微往外開，如八字樣也。有雁行步，兩腳半橫半順，排列一樣，如雁行之齊也。」

這些步法中，一般都是兩足平放著地的雁行步，也叫長三步，因為它的式子，也像骨牌中的長三。這是別種拳派和萇氏拳術共同的式子。因此，萇氏拳術中足的式子，不專是兩尖著地，這一點必須說明。其所以一再要腳尖著地，是為從難中練成足上的工夫，所以練時經常要做這個姿勢。

這一節只說明身體各部分的動作姿勢，至於演練中如何變化，攻守時如何運用，以及其動作姿勢的優缺點，本節未涉及，因為在下一節中都要

論到。

三、練法和用法

1. 練法的理論和程式

甲、拿正姿勢

拳術不論內外功，演練的方法和技擊的運用，兩者應當是一致的。太極拳家郝為真先生說：「在盤架子時要像有個手在面前，到和人比手時，又要毫不矜持，只像練架子一樣。」這就是使練法和運用一致的途徑。話雖如此，不是下一番實踐功夫，是達不到這樣程度的。就技術的運用來說，練法也不只是盤架子，還要有對角的實習。但只就盤架子來說，也應當按程式進行，這是練拳的一般方法。

至於內功拳，除練用一致外，還要做到內外一致。怎樣才算內外一致呢？

要做到對隨意肌的訓練深入內層，不只重在鍛鍊大關節和大肌肉束的外層肌，要深入到使每一肌纖維都能得到適量的鍛鍊；同時，使感覺神經與運動神經獲得更有效的敏感訓練，從而使大腦皮質的指揮調節機能有高度的發展，使隨意肌的內外層都能完全聽意識的指揮，實現精微的複雜活動（這種複雜活動是屬於內部的，外面往往看不大出，要深有經驗的人才能看出來）。這樣鍛鍊能使內臟器官在腦皮質的統一調節下和肌體活動應合得更緊密、更適宜，這才算基本上達到內外一致。

內功拳和氣功有很多相通之處，而且練好內功拳，大有助於練氣功。但練內功拳一上手不宜講怎樣與呼吸應合等練法，只宜隨呼吸之自然，否則很容易出毛病。因為全身的隨意肌還沒能完全聽意識的指揮，沒有到鬆軟的程度，要它和深細的呼吸相應合，是不能辦到的。強而行之，反使動

作妨礙自然呼吸，會影響到生理的正常狀態。

所以，練內功拳必須掌握好一定的程式，不可顛倒錯亂；並須掌握主要的環節，才能有良好的效果。

萇乃周對練法的程式，定得很好，要點也說得清楚。在《養氣論》中有一段話，就把內功拳練法的程式，簡括地提出來了，引如下：

「初學莫言煉氣，先將身法步眼比清，又不可使力。須因勢之自然，徐徐輪舞，務將外形安放一家，再令輕活圓熟，轉關停頓，操縱開合，一一如式，勢勢展施，將筋節骨骸，處處鬆開方得。每日約得百遍。」

這就是告誡學者，不可一上來就想練氣，應當切實地向姿勢正確上用功。在用功時，和姿勢交貫著的有兩個重要環節：一個是「不可使力，須因勢之自然」；另一個是「徐徐輪舞，務將外形安放一家」。

乙、不要著力

為什麼不可使力呢？

其一，因為一使力，肌肉便產生人為的緊張，變硬變粗。這樣，軀幹四肢都專靠大關節進行伸縮轉動，這樣的動作在技擊運用上，看似快速，實際反而迂遠。如果是熟練了不使力的動作，就可進而練成用微小的伸縮或轉動，取得迅速變換用力的方向，這就可以做到動作更為敏捷。

其二，無論屈肌伸肌，收縮得太緊張，轉變必然滯遲。

其三，用力的動作，大關節受到的鍛鍊多，小肌束及多數肌腱受到的直接運動鍛鍊少。這就使某些部分肌肉和神經的活動機能，發展得不足，難以達到靈活的程度。

其四，某些部分的隨意肌經常不用，也就意識不到去運用它，這就減弱了意識對多數肌肉運用的能力。

為了相反地達到深入細緻訓練肌肉與神經，所以不用力的練法，倒是可以練成靈敏迅速。

再從養生的觀點著眼，也必須深入練到隨意肌的內部，才能和深細的呼吸適應得協調，大有利於循環系統活潑地進行工作，對全身的骨骼肌、各組織、各內臟器官、神經系統都能協調，使各組織、各器官、各系統獲得增進健康與發展機能的效果。這又是與氣功相通的原理。

由此可見，不著力的練法，對內功拳來說是十分重要的——是練成內功拳的一個決定性因素。

丙、徐徐輪舞

為什麼要徐徐輪舞呢？不著力的練法和動作緩慢必須結合在一起。動作的緩慢有兩個作用：

第一個作用，是要把姿勢做得正確，這就要「將外形安放一家」。內功拳的動作是複雜細緻的，它是從經驗中得出來的。在攻守運動中對軀幹肢體的合理安放，要做到四面呼應，八方關顧；既能支持穩當，又能隨意轉變。但一上手很難做到處處合於規範，譬如手合了，臂又不合；上肢軀幹合了，下肢還不盡合。所以必須慢慢地動，才能逐步正確地掌握許多複雜細緻的動作。

第二個作用，是要與深細的呼吸相應，也就是為循環系統活潑地進行工作，造成最有利的條件。使全身的微血管能夠大量開放，使全身的新陳代謝旺盛起來，整個軀體得到最全面的健康發展。

丁、呼吸深細

有人會問，練形時不是說不要管練氣嗎？那麼，這裏為什麼又說與深細的呼吸相應呢？解答是，這是自然相應的深細呼吸，不是有意配合的呼吸。只要練形功夫成熟，就不需要有意去配合而呼吸與動作自然會應合，那時再講練氣，就沒有障礙了。

不著力和緩慢的動作，並非不要練出力氣，而正是透過這種練法，才

可以達到靈敏地變動各外肌肉伸縮的部位；巧妙地變動使勁時的支點與力點，才可以做到把多方面來源的力量集中作用於使用的目的。萇氏說：

「力是自然之力，故初學必以不著力為是。」

——《大小勢說》

「始不著力，方能引出自然之力。」

——《合煉二十四勢》

「自然之力」就是能夠自由運用的合力。《過氣論》說：

「氣之落也，歸著一處。氣之來也，不自一處。惟疏其源，通其流，則道路滑利，自不至步步為營，有牽扯不前之患矣。」

「歸著一處」是集中，「不自一處」是合力，「疏其源，通其流」是使中間的肌肉關節不起牽扯以分散力所歸著的一點。要練到這樣的自然的活力，只有不著力的慢動作才能達成。抓住這兩個環節，再結合下列兩個要點：

其一，在轉關停頓操縱開合上，把姿勢做正確——「一一如式」。

其二，在活動時，著著舒展，關節肌肉一齊鬆開——「勢勢展施，將筋節骨骸，處處鬆開。」

再加上一個天天反覆熟練的要訣，這就能在練形上做到「輕活圓熟」，到這境界，在練形上可算基礎打定了。

2. 練成輕活圓熟的四個要法

上面所引《養氣論》中「每日約得百遍」之說，不需拘泥，古代多靠苦練，由於理論說得不夠明白，現在把道理講清，少練也會收到同樣效

果，而且還可能練得更好，這就是學術、藝術上的躍進。在《初學條目》中說：

「學拳一勢精靈，約得千遍，方能練熟，若不熟練，還是千遍。」

「學拳初時宜整頓身法，講究步眼，不可說先記住大概，熟時仔細再正，再正則終不正矣。」

這種先對基礎功夫的嚴格要求，是值得重視的。一勢要練千遍，固然不必拘泥，但這是很可寶貴的教學參考材料。這裏又可看出萇氏教學的程式，是先分練各勢，然後成套合練。至於輕活圓熟的基本練法，上面雖然有了說明，另外還有指出的若干方法，也是重要的，歸納起來，又有四個要法：甲、剛柔相濟；乙、上下相隨；丙、兩點相應；丁、形意相合。

甲、剛柔相濟

在變勢轉動時要柔，在出勁著落時要剛。變勢轉動時不柔，則不靈活；出勁著落時不剛，則不堅不硬。萇氏書中《剛柔相濟論》說：

「蓋落處盡處是氣聚血凝止歸之所，宜用剛法，而間陽間陰是氣血流利，宜用柔法。不達乎此，純用剛法則氣鋪（原文作捕，誤。——著者）滿身，牽拉不利，落點必不勇猛。純用柔法，則氣散不聚，無有歸著，落點亦不堅硬。」

對剛柔相濟最簡括的一句話，是「柔過氣，剛落點」（見《合煉中二十四勢》及《三氣合為一氣》篇中都有此語）。「落點」不只是開始發勁著落之點（即用到對手身上的一點），就是合勢蓄到極盡無可再蓄處（就是「盡」），也是落點。《初學條目》中說：

「停頓處宜沉著有力，轉關處宜活潑隨機。」

「停頓處」是起止之點，「轉關處」是運行之間。練時掌握剛柔須如此，這和對角運用時的剛柔完全一致。

乙、上下相隨

上下相隨是手足俱到，就是三尖到。《三尖到論》說：

「三尖到者，動靜一齊俱到也。不此先彼後，不此速彼遲，互有牽扯而不到也。蓋氣之著人，落點雖只一尖，而惟一尖之氣則在全體。一尖不到，即有牽扯，身氣不入矣。」

又如《論初學入手法》說：

「三尖到者，眼睛、拳頭、腳尖不先不後，一齊俱到也。……凡出手要比何勢，打人何處，我眼神所注，手之所打，腳尖所進，須一齊俱進，一齊俱到。凡打勢，不論何勢，欲打人著力穩當，前腳不拘在人腳內外，須腳尖搶進他身後，三尖照落，方好。」

這對「三尖到」的動作和運用，說得很明白，無須再加解釋。一般不習熟於三尖到，在動作或運用時，不免常會手到足不到，或足到手不到。由前之失，必然有重心下傾的毛病；由後之失，必然有整個身子未穩，就遭到攻擊的危險。

萇氏再三強調三尖到，原因就在於此。

丙、兩點相應

《過氣論》說：

「左氣在右，留意於右；右氣在左，留意於左。如直撞手，入氣於前，不勒後手，撐後肘，氣不得自背而入。上沖手，下手不插，肩不下脫，氣不得自脇而上升。分擺者，胸不開，則氣不得入於後。合抱者，胸不閉（原文作開，應作閉。——著者），則氣不得裹於前。」

《初學條目》中說：

「學拳左動必右應，右攻必左輔，左右相生，方得陰陽周流之妙。」

以上所說，都是左右前後開合相反相成的動作，萇氏所屢說的盡法，也是運用兩點相應的原理。《三氣合為一氣》篇說得最明白：

「頭一勢未交手，先聚氣。……由腰後而收於前，陽氣從下上沖胸膈，口中納氣，由肺而落，陰氣下降，入於丹田，陰陽相交，所謂肝起肺落者也，此謂一合二勢。渾身俱往前進，下氣再往上沖，口再一納氣，納於臍之上，心之下，上身往下一榨，渾身骨節節節攢住，務令堅實，身子雖猛勇向前，胳膊手俱往後攢，名為回還，回還者，半合也。如此，則勢進而氣益聚矣。……此二氣也。臨落點時，仍嫌力有不足，無可回還，再將骨肉往一處一束，名之曰盡，此謂三氣。譬如炮然，捲得愈緊，則響得愈有力。」

這個兩點相應的法則，貫串著千變萬化的運勁動作。萇氏書中的「榁」就是「榨」字，是壓縮的意思。身步向前而手反用半圈勢，引對方

撲進，這就是萇氏所說的「承」。然後在四肢軀幹同時收縮之頃，手即發出勁來，所以說二氣是「回還」，是「半合」。其實就是隨意肌腱所做的柔軟伸縮活動，在按照姿勢從自然緩慢的活動中，用剛柔相濟的勁路，上下相隨的動作，兩點相應的操縱法綜合起來，這樣練到精熟，自然會內外一致，在盤架子時，會產生內體感覺，終於達到「形意相合」的境界。這時神經、肌肉、呼吸都可以在意識的統一指揮下活動得非常自然了。

丁、形意相合

萇氏書中說到形意相合之處甚多，現把書中說得最清楚、最具體的徵引如下：

「故每一勢之操縱、收發，心先，命門為次，頭又次之，手足則次而又次之。」

「神動天隨，純任自然，若一矯揉造作，則鑿矣。操縱在手，變化從心，隨機而動，人力不與。」

以上兩條統見卷三《煉氣訣》。所說「心先，命門為次」，就是說意一發動，身腰就帶動手足。這和太極拳《十三勢行功歌訣》中「命意源頭在腰隙，刻刻留心在腰間」，同一道理。要能整體形隨意動，必須練到身腰靈活。如單靠手足靈活，就不能整體形隨意動。

所謂「神動天隨，純任自然」，就是練到熟極而流的程度；就是在手足的活動經常受腰部領導著的活動，帶起一系列細節符合姿勢的相應活動，從熟練的實踐中，條件反射聯繫，已經充分強化，這種動作已經自動化了，而且是能夠隨著外面情勢的變動，完成創造性的任務的。

在萇氏那時，受到時代的局限，不可能使用科學的語言來說明，所以只能用「神動天隨」、「隨機而動，人力不與」等玄學的語言，來說明這一內容了。

形意相合，中間以氣貫串，氣當然與呼吸相應。另外神經波動與微血

管舒縮的內體感覺，也是內功拳的特徵，練到純熟之時，會覺得脊柱與四肢的骨腔裏有一線相通的顫動。《中氣》篇說：

「氣須在身正中，直上直下，只可以意知之，以神會之。若必執而求其模樣若何，形跡若何，則鑿矣，摸矣，不惟無功，而且得病不輕。」

這所謂在身正中之氣，就是骨腔子裏神經波動與微血管舒縮的現象。但只可以從外形熟練中，在隨意肌與深細呼吸相應到達自動化後，才能出現這些現象。如果先就用意要有這些現象，硬把動作與呼吸相配合，是不行的。因為神經的機能還不能自如地操縱全身肌肉，還不符合於內功拳複雜活動的要求，隨意肌本身也沒有達到改進原來機能的程度，就是條件沒有成熟，勉強行之，結果會輕重不勻，失其常度，所以這是要出毛病的。

萇氏曾把形意合一的整個關係，概括在六個相合中：

「腳與手合，手與眼合，眼與心合，心與神合，神與氣合，氣與身合，再無不捷妙靈和處。」

——《初學條目》

這裏所要說明的是神，神究竟是指的什麼呢？其實就是神經的統一活動性而已，氣就是在神經統一活動下的內體現象而已。由此可知，內功拳絕無什麼神秘，都是生理上的變化發展。

萇氏的玄妙言論，不是不可理解，而其實際內容，確是從勤修苦練中得出來的，確實對練內功拳留下了寶貴的遺產。

3. 練氣的兩個具體方法

此外還有練氣的兩個具體方法：甲、納氣；乙、領氣。

甲、納氣

納氣之說，見於《合煉中二十四勢》的眉批（袁宇華本中的眉批，著者編訂的《萇氏武技書》都附於該篇後，低於篇文一格），又有《納氣》篇，這兩處文字大致相同，眉批說得較詳，現錄眉批如下：

「凡納氣皆以頭面為先，其要只是轉四個圈。左往右，轉一圈；右往左，轉一圈；前往後，轉一圈；後往前，轉一圈。皆是皺眉促鼻，上唇後束，下唇前朝，如象捲鼻之狀，所雲納氣如吞川是也。蓋必如以口吞物，盡力一吸，氣方納得充實飽滿。前後左右四圈因勢之自然，一勢只有一圈，非每一勢皆有四個圈。」

這是在姿勢練得正確純熟後，方可使用。這樣一個納氣法，對向內收縮及做到動作圓轉是有作用的，但不宜太露形象。太露形象，不免流於緊張，也會有礙空鬆靈活，所以只宜在面部略取其意，絕不可形成怪模怪樣。萇氏對此是露於形象的，在《面部五行論》中說：

「故收束勢者，氣自肢節收束中宮，面上眉必皺，眼包收，鼻必縱，唇必撮，氣必吸，聲必噎，此內氣收而形象聚也。」

這樣在面部上顯露的練法，以現在來說，我認為是必須反對的。如果有了這樣的習慣，對國家體委會制定的《武術規則》，也是不合的。

乙、領氣

領氣的方法見於《論手》、《論拳》兩篇中。《論手》篇說：

「如豎敵手、回勾手，大指與小指相對領氣。……平陰手、平陽手，大指與中指相對領氣。……仰邀手，大指與食指相對領氣。……陰掤手，大指與無名指相對領氣。……至於用法，則有

九則：直出直回，一也；仰上擢挑，二也；俯下沉栽，三也；外勾外擺，四也；內　抱摟，五也；斜擢右上，六也；斜劈左下，七也；斜領左上，八也；斜摔右下，九也。」

《論拳》篇說：

「拳者，屈而不伸，握固其指，團聚其氣。其揞法：以大指尖掐對食指第三節橫紋，四指蜷緊握固，一齊著力，必使分之不開，擊之不散，方為合竅。……其氣亦非鋪（原文作捕字，誤。——著者）滿身，落點有一定之處，隨勢體驗，不可混施。如平陰拳下栽者，中指二節領氣（原文為平拳，漏陰字。——著者）；平陽拳上沖者，中指根節領氣；側拳上挑者，大指二節領氣；側拳下劈者，小指根節領氣；不拘側平直沖，小指根節二節中間平面領氣。明乎此，餘可以類推矣。」

這兩處在上文《二、動作姿勢・4.頭與軀幹四肢的姿勢》中說到手、拳的形式已經引用。現在再引用，是為了說明領氣。領氣就是出手或出拳時的注意之處，練內功有得者，以萇氏此說試之，確能出拳出掌，無不得力，如文中「側拳上挑者，大指二節領氣」，如法照做，自然力達拳上。倘把注意之點，改在大指根節，力只達到手臂中間，不能直到拳上。於此可見，萇氏領氣之說，頗為細密。

4. 用法招數的三個基本法則

以上已系統地說明了萇氏的練法，用法根本上就在練法中。但書中有說到招數的，固然招數仍以練法為根，練得不到家，雖然懂得招數，也用不上。但招數並不就是練法，所以在練法之後，另把招數整理出一個頭

緒，以清眉目。

招數既是無法固定的，又是可以執簡馭繁的。萇氏書中談到招數的根本要法，可以歸納為下列三個基本法則：

甲、準備時要：內實精神，示弱誘敵

在準備時要：示弱誘敵，見機速發。《講出手》篇說：

「內實（原文為內示，示字誤。此本《吳越春秋》「內實精神，外示安儀」語，據卷二《聚精會神氣力淵源論》有句云：「即南林處女所謂內實精神之說也。」可見萇氏原本作「內實精神」，傳抄時實、示兩字音近而誤。——著者）精神，外示安逸。見之如處女，奮之如猛虎。」

《捷快用法》篇說：

「懈又懈來鬆又鬆，吾氣未動似病翁，忽然一聲春雷動，千車萬馬把陣衝。」

《打法總訣》篇說：

「彼不動兮我不動，彼欲動兮我先動。」

以上是說在未接觸時，凝神一志以觀察對方的動作，自己卻不露端倪。等到對方一有動機透露，便用迅雷不及掩耳之勢，爭佔先著。這就不是主觀的盲動，而是符合客觀情況，爭取主動。這不只是用於一開始時，在中間互伺進攻機會的時候，也是適用的。

乙、接觸時要：避實擊虛，剛柔互用

在接觸時，要避實擊虛，剛柔互用，拿準時間。避實擊虛，主要是說

用力的方向與進攻的部位。剛柔互用，主要是說勢法的直進與動作的粘隨。拿準時間，則是貫串於一切動作之間的。用力的方向，《論攔》篇說得很明顯：

「彼擊左兮吾擊右，何須一處苦相求，豎來橫截勇如電，我承彼沉只用丟。」

這是說不和對手的力頂碰，只是揀他空虛不防備處攻擊。其方法，或是他左手進擊，我不去擋他的左手，只向他的右邊進攻，這樣進攻，我的被攻部位，即在我進攻他的時候，就閃讓開了，他的進攻就落空，我的進攻卻是出其不意，攻其無備。「豎來橫截勇如電」，是直接急速擊他進攻的臂膊不用架開再打。「我承彼沉只用丟」，是我先用下向上勢，如以兩手背拳（這拳這手背朝著他，用手背與指根接連處攻擊）擊他的頦部（這是承的誘著），他若用手向下按（這是他用沉），我即速向下放開拳變掌；同時，轉掌朝他胸部雙手撒放，他就跌出。這是承的實用。其要就在當他按時，我要馬上變勢向下，這就是丟。

《行氣論》說得更明白，錄如下：

「力直出者無橫力，我截其橫；橫出者無直力，我截其直；上出者無下力，我挑其下；下劈者無上力，我打其上。斜正屈伸，無不皆然。此搗虛之法，攻其無備也。」

這一用法可參照書中《二十四字圖說》的「承字八勢」。總之，用力的方向有三個準則：

一是不招不架，閃開他進攻點；同時，就此一動作（閃的動作）向他不防處進攻。

二是他豎來，我就橫打；他橫來，我就豎打，不招不架，直打他的臂膊中間。

三是順勢變勁，不讓他沾著（所謂丟），向他不防處也是可以翻倒處打去。

進攻的部位，例如《奪氣》篇說：

「聞之，與人交手，先有奪人之氣。夫交手而攔其手，謂之頭門；攔其肘，謂二門；制其膀根，謂之三門。故必出手先制其膀根，是謂登堂入室，探而取之，彼自不能轉手，而縱橫維我矣。」

又如《得門而入論》說：

「……蓋拳之催人，必近其身，方能跌出。如物之藏室，不得其門而入，縱有神手，不能為也。手之門有三：手腕一也，此大門也；肘心二也，此進一層外二門也；膀根三也，此更進一層三門也。……故交手只在手腕者，則屈伸往來，任意變化，無窮無盡，手捷者先得，手慢者吃虧，終不能催人，一點即倒。著意肘心者，雖進一層，亦有變化，不能操必勝之權。惟一眼註定他之膊根，不論他先著手，我先出手，只在此處留心。邀住他手，粘連不離，隨我變化，任意揮使，無不如意，他自不能逃我範圍。」

又如《論初學入手法》說：

「若論開門，無分左右勢，我手腕硬骨處，插人肘前軟肉

上，用力劈之，如執斧破柴之狀，將人胳脖劈下，我拳隨之落點，始能得勢，而人不能滑脫。」

三處都是說深入挨近對手身子，才能發手倒人，這就是教人一出手就要照對手膊根的部位進攻，這確是最好的攻法。但是要深入向倒人的部位進攻，並不是很容易的事。對方雙手也會抗拒防範，豈能由我任意進入。如果沒有辦法，猛闖向前，心想攻他，顧不了自己，這就會亂了手腳，失了身法，自己的力，反而被對方利用。

因此，必須習熟於勢法的直進，才能深入對方的門內。要直進，同時必須粘隨得緊。一般拳家於角技時所以不敢深入，不能深入，就因為平時缺乏直進與粘隨的訓練，而直進不是單用剛勁所能做到的。

怎樣才能直進呢？要在一上勢時以軟臂隨步而入，這就是練法中的「柔過氣」，因為柔才能快，如果臂一繃勁，出手就遲，對手一變勢，我就無法再從內部出勁，這樣進到肘節，就很容易給他轉手擋住，或者退打。必須臂軟步快，才能進得深，粘得住。

萇氏《頭手二手前後手論》說得比較更具體，引如下：

「外門入手相交，多失著者，以其有十失，故不能取勝。未交手不能聚氣於未然，空腔無物，氣發不疾不猛，其一失也。不知二手擱胸下，以顧上下衝擊，二失也。未交手先擱勢，空隙顯然，三失也。閃勢而進，不敢直進，捨近就遠，勞而不逸，四失也。進必上步，橫身換勢，寬而不秀，五失也。交手只在手腕，不知近身，六失也。放過頭手不打，七失也。二手救住還不打，八失也。三手四手方才衝打，九失也。躲閃隔位，粘連不住，十失也。有此十失，交手焉能不敗。未交手即聚氣凝神，兩手交擱胸下，看他那腳在前，即貼近那邊身子，著意他膊根，制住他膊

根，此閃門之法，以待他之動靜。我先出手，照他膊根一伸，頭手即得，不俟二手。他先出手，我亦照住他膊根即得，不必顧住他手，然後衝打，則遲而有變矣。蓋此法乃開寸離尺之巧，照他膊根，此地開一寸，則手梢離一尺矣。又截氣搗虛之妙，所謂出其不意，攻其無備，疾雷不及掩耳者，此也。或遇捷手退晃打（原文作恍字，誤。恍是忽然彷彿之意，與文義不合：晃是搖動、擺動之意，合文義。——著者），我不換手，不屈膊，催二氣以打之。我擊打他左，他退左進右，我不回手，挪打他左膊根。蓋我在圈內，他在圈外，我以逸，他以勞，任他滑快，無不奇中，此前出手而前手打之秘訣。間亦有繼以後手，此用所當用，非強用也。若不當用而用，則動必橫身，每見用此而迎人之打者，蓋未見其有此失也。」

此論甚精，前段所說十失，合起來不過三點。從一失到二失，是鬆懈而無備。從三至五失，是自露形象，亂動盲進。什麼是「閃勢而進」呢？就是不知究竟哪裡是空隙，是可攻之點，不能一眼看定，直前進攻，躲躲閃閃，並無認定的目標；即有目標，亦未必取得確當。

所以既要進攻，又怕被打，猶疑不定，中心無主，所以要閃勢而進，不敢直進。如果目標取得確當，我順他背，我很得勢，他已失勢，自然不會有懼怕，可以乘勢直前了。

已有以上捨近就遠之失，到了近對手之身才變勢，那麼變動身步方位時，就是一個空隙（因為變動身步方位時，必先求穩住自己的身子，才能發手，哪怕一瞬之時，也是一個空隙），所以說：「寬而不秀」（寬就是不緊湊，秀是俊快的意思）。從六到十，既不知發手的部位，又不抓住發手的時機，待到打出不靈，對手反攻，更不能因勢轉換，再度占到順勢，反而脫開，脫開就是躲閃隔位，這一隔位，就把攻勢放棄了。

為什麼脫開稱作隔位呢？因為可攻的部位，只有接觸才有攻擊的部位可取，哪怕一取未中，只要不讓對方脫出，我還可以從粘連中再度取中。一脫開就是前功盡棄，所用精神氣力，都屬徒勞。

《太極拳打手歌》中說：「沾連粘隨不丟頂」，頂是相碰，丟是脫開，所以不要脫開的道理也就在此。（附帶說明，上文「我承彼沉只用丟」的「丟」字和《太極拳打手歌》中的「丟」字，字雖同而涵義不同，萇氏此句中的「丟」字，正與《太極拳論》中「捨己從人」的「捨」字涵義相同。）

由此可知，直進是剛中有柔的作用。掌握了這一法則，才能不怕進時遭到橫截，然後能大膽從容，用得上開寸離尺之法。如何是粘隨呢？就是文中所說「或遇捷手退晃打，我不換手，不屈膞，催二氣以打之。」

這裏面就有「柔過氣」的作用，如無柔，就不可能不換手，不屈膞（屈膞就是將手收回再打出），就會再一次發出勁來。還有一個要法是

《借行氣》篇中說的：

「借行氣者，借人之氣方行而打之也。蓋彼之勢既發，已近我身，尚未落點，我即趁此機會，發我之勢，彼欲退不得，欲攔不及，再無不妙之理。若稍前，則彼尚可退回，稍後，則我已吃虧。所謂後發先至者此也。」

這雖然靈活運用了「剛在他力前」的原理，但此是中途截擊，主要是掌握發勁時間的準確上。這裏必須記住，不僅中途截擊的發勁如此，其他的一切動作不能適時，也都要失效的。

以上所說的交手接觸時的用法，雖然只就一個進法說，其他形式如退接，亦可以此類推。

王宗岳《太極拳論》說：「雖變化萬端，而理惟一貫。」在一法上有了啟悟，其餘可以觸類旁通的。

吳殳《手臂錄・槍法微言》篇說：「關外認器不認人，關內認人不認器，常道也。神化者，關外亦認人不認器。」

此說極為精微，和萇氏出手先制其膀根之說，理由一樣。槍法和拳法，原是本自相通的。

丙、發勁時要：身手與步，一齊用到

發勁時，要身手步齊用。其方法的第一個關鍵，是逼近對手的身子，這一動作就在上下相隨，手步合一。《論初學入手法》說：

「凡出手要比何勢，打人何處，我眼神所注，手之所打，腳尖所進，須一齊俱進，一齊俱到。凡打勢不論何勢，欲打人著力穩當，前腳不拘在人腳內外，須腳尖搶進他身後，三尖照落，方好。」

但是，腳尖「搶進對手腳內外」雖是一個重要關鍵，還必須身體也能和手足合一，而且身體還要練得會伸屈自如。這是一個更重要的方法，這就是第二個關鍵——「盡」。「盡」是什麼呢？卷三《論用功》第一條說：

「起勢時氣要鬆活，氣要揫而不硬，落點方一齊著盡，使盡平生氣力，始得剛柔相濟之妙。」

接著第二條說：

「按盡者，回環之後，再將骨肉往一處一盡，是盡向裏面，此則似盡向外矣。」

又第五條說：

「第一要三尖照，三尖，頭手腳三尖也。其次要氣催三盡，盡者，臻也，頭手腳三臻也。」

接著第六條說：

「按此說講盡字亦是盡向外，與骨肉一處一盡，似有謬處，再證。」

以上二、六兩條顯然不是萇乃周原文，是讀萇氏拳譜者對這篇第一、第五兩條有疑問而寫下的。

那麼盡字的涵義，究竟如何呢?按照萇氏書中各篇來看，蓄勢的盡，是說身手骨節的鑽緊。發勁的盡，就是蓄足後打出，就是催三氣打人。蓄勢、發勁是一個活動目的的兩點，萇氏的原意是如此。

書中《二十四字圖說》的「盡字八勢——雙龍入海」和《二十四字偏勢》的「盡——雙龍牧馬」都是「盡」包括蓄、發動作的證明。「角秦」

字據《廣韻》是「角齊多兒」（見上聲十九「隱」字韻目）。萇氏用這字，是用角齊多的形狀來形容頭、手、足的三尖相齊。

所以「盡」是說用周身的勁的方法。因為腳不搶進到對方的身後，手即使進到對方的膊根，也發不出大勁的。但是，即使腳進到對方的身後，自己身子如不與手足一致動作，這樣發出的勁，也不是從足到手，出於周身的勁。《大小勢說》篇說：

「合勢不嫌其小，欲氣合得足也。開勢不嫌其大，欲力發得出也。」

《奪氣》篇說「盡」字是：

「盡者，將落點時，嫌力不足，氣不充，再將骨肉往一處，吃力一盡，如鳥銃，藥既裝入，再用鐵充充瓷，令藥堅實，見火

方有力，故曰回轉。」

腳既進入對方身後，出手又用盡法，這就上下相應——即手步相應，身亦相應。身步既占絕對優勢，把對方壓住，那麼，不需多用力就可把對方打倒。他有變動，我只需身手一收放間，就達到追擊的目的，這是身手齊用的方法。《三氣合為一氣》篇說：

「口中納氣，由肺而落，陰氣下降，入於丹田，陰陽相交，所謂肝起肺落者也，此謂一合二勢。渾身俱往前進，下氣再往上沖，口再一納氣，納於臍之上，心之下，上身往下一榨（原文作榁，榁字義與此不合，當作榨。榨本打油具，俗用作壓迫之義。榁字依《康熙字典》引紫雲韻，其義為枯榁也。——著者），渾身骨節節節攢住，務令堅實，身子雖猛勇向前，胳脖手俱往後攢，名為回還。回還者，半合也。如此，則勢進而氣益聚矣。蓋渾身向前一撲，手再回還，骨節自能攢緊，堅於鐵石，此二氣也。臨落點時，仍嫌力有不足，無可回還，再將骨肉往一處一束，名之曰盡，此謂三氣。」

由此可見，萇氏所說催二氣、三氣追擊，是發勁時身手齊用的方法。「盡」的內容，包括收緊與沉重落點兩個動作。

以上三點是萇氏打法的基本方法，它與練法是分不開的。練法錯了，就不會有這樣的運用。

5. 論二十四字正偏勢

此外，如《二十四字圖說》和《二十四字偏勢》雖然也屬於練法和用法的範圍，但這不過是若干招數的式子。懂了原理，看了圖說，也不難心

知其意。這裏不詳論了。

王宗岳《太極拳論》說：「雖變化萬端而理唯一貫」，正是這樣的看法。萇乃周從外功入手，所以一方面他重視掌握最高原理，另一方面他也相當重視動作的式子。他想用二十四字的練法，抓住一切打法式子的中心。是否這二十四個式子，就是盡這樣的職能，還需要深入研究。這還不是馬上就能解決的問題。不過他的融合內外功的企圖，和我們現在發展武術的路向是符合的。對這一點，是應當給以重視的。

第二部分　器　械

《萇氏武技書》中只有三種器械：一是槍；二是猿猴棒；三是雙劍。另外還有論棍法六條。以次述評如下：

一、槍法

槍法：首《四大綱領》，是：步眼、手法、身道、頭面。次《八大條目》，是：敵劄、驚戰、粘隨、滑脫、起伏、進退、崩打、提擢。次《十二變通》是：隨中、使中、總按、挑撩、掇托、捷靠、頓領、鉤掛、合掌、摟翻、勒壓、抽卷。

據此各條，是先要講究步法、手法、身法。頭與身是二是一，所以《身道》口訣說：

「身為主帥，五官是將，不能調遣，自尋滅亡。身氣催運，頭目手足，動靜一家，靈快雄壯。」

《頭面》口訣說：

「四肢（原文作支，誤。——著者）百骸，頭為領袖，此處不合，全體俱休，譬之兵將，惟首是從，首所不至，眾安所用。」

可見說身就帶頭，說頭就帶身。先講究身法，再講究手足，身首能靈，手足就活。這和拳術完全一致。拳家有手腳敏捷，身體不與相應的，沒有身體靈動（這是合乎規律的靈動），手腳不與相合的，練拳練槍，並無不同。萇氏把手步身頭作為四大綱領，這是先固基礎，這和他精於拳術是一貫的，就是說，要學槍先要有拳術的基本工夫。

下面的《條目》和《變通》是槍法的本身，《條目》是用法的根本，操縱的總要；《變通》是精巧的動作，靈活的運化。所以，萇氏在這二十四條後附以說明云：

「無綱領，則大本不立；無條目，則妙用不行。體立用行，而少變化，則滯而鮮通。此二十四說所宜急講也。」

但這二十四條，每一名目之下，說得空洞，遠不像說拳術那樣具體。至於槍的尺寸長短及其輕重如何，都沒有說到。這篇槍法比到吳殳《手臂錄》中的槍法實在相差太遠了。

古代槍譜，以見於明唐順之《武編》中的《六合槍譜》為最古。此後，戚繼光《紀效新書》、程宗猷的《耕餘剩技》中皆就《六合槍譜》各據心得，有所闡發。到明末吳殳著《手臂錄》，分析峨眉槍法楊家、沙家、馬家、少林、程家的異同，比較其長短。所論練槍的方法，精微之語，真是前無古人。他論到取勝之緣由，概括成三句話：

「以熟制生，以正制邪，而必皆以圓機為本。」

——《手臂錄‧槍法圓機說二》

他論槍重脫化，先要鋒影圓，以重實闊大，練到輕虛緊小。他說：

「初時鋒影圓者，其闊大重實可以漸收為輕虛緊小。鋒影若作人字形，則愈精熟愈闊大、愈重實。雖欲脫化，不可得也。」

——《手臂錄‧脫化說》

而其入手，則以戳革之功為主，戳主要是直刺，革主要是拿開對方的槍。他說：

「蓋世人之槍，戳則用直力，革則用橫力，橫直之力，分而不合，故槍法破碎沾滯而不能圓通。敬岩、真如（是說石敬岩和程真如。——著者）不然，戳中有革，革中有戳。力之直也能兼橫，力之橫者能兼直。」

——《手臂錄・槍根說》

這是極精之論。萇氏在《槍法・十二變通・抽卷》下有歌訣說：

「長能用短，直能用橫，隨機應變，心靈身淨。」

這也反映出他對橫直之力合一的理解。在《槍法》末了一節說：

「槍拳要以神氣為先，機勢次之。專講力量，斯為下矣。」

這話雖只說了些抽象的理法，也反映出他的槍法是要講求脫化的。我

們從他對拳術理法上的造詣，可以推想到他的槍法和吳殳所最推崇的峨眉槍法基本上是相同的。但是，萇氏的「槍法」寫得語焉不詳，不能使人一看就能找到道路。我們如果要瞭解萇氏的槍法，倒不如乾脆去研究吳殳的《手臂錄》了。

二、猿猴棒

猿猴棒共有五十一式，只有每式的名目，沒有解說。這是一個棒法的套子，沒有學過這個套子的人，看不出什麼來。

三、雙劍

這套雙劍共有三十六式，不但有每式的名目，還有各式的動作說明。

套子編得既緊湊又流利，如果繪成圖說，可以成一專書。

四、棍法

棍法六條，沒有標題，與《論正氣》九句合為一篇。這六條都是從《紀效新書》卷十二《短兵長用說》中摘出的。第三兩條一字不異，其餘四條是原文的提要。錄此六條似乎是有意義的。因為這六條都是棍法中的要著，萇氏摭取是得要的。

第三部分　結語

萇乃周對武術涉及的方面很廣，而且是下過苦功的。他研究得細緻，憑他的經驗得出的結論，基本上和太極拳一致。

這就是以擺對姿勢為入手，以訓練逐步做到全身活動，以身帶動手足，以頭領導一身，而歸根發動於命門——實際上就是指腰胯。以三尖照為安排姿勢的準則，而歸根於內部神經統一指揮和自由指揮的功能。透過自然呼吸達到呼吸深細、內外相應。而以不要著力，徐徐輪舞為貫串一切活動的手段。

在招數上，就是以手足齊上的三尖到，深入對方關內——制人膀根；利用全身骨節練熟的特殊機能，使用盡的運用——蓄足而後發；利用因勢借力，不與對方來勢頂撞而中間截擊其攻勢。

這和太極拳的原理，幾乎沒有不同。而這裏尤可注意的，是練法過程中不要著力與徐徐輪舞，如一條線貫串著全部練體練用。這兩個練法，一輕柔、一緩慢佔據了練法的主位。

萇乃周不是不講究外功的人，相反的，他曾對外功拳學了很多，那麼，他主張練時要輕、要慢，正是練好內外功的一個共通道路，而這也正證明了練柔練緩是可以達成技擊作用的。這一輕慢的活動與氣功相通，這又可說以一貫三——氣功、內功拳與外功拳。這是值得我們深入研究的。

以上是萇氏武術應當給以重視發揚的一面。

另一面，我們也不可放過，武術在舊社會裏曾混入了不少雜質。建國以前二三十年間出版的武術書，充滿神秘迷信成分的為數不少。愛好武術的人在思想上、身體上受到毒害的並不乏人，到今仍有殘留的影響。所以還有人教著、學著、練著空中打出人等的錯誤方法，這對建立唯物主義世界觀是一重障礙。

而萇氏遺著裏也夾雜些神秘迷信的說法，這是他受了時代的局限，受了階級的規定，不能自拔，致帶上了這些蕪雜的東西，這是我們應該批判揚棄的。

古代文化遺產不可能全好，也不應該有好的而不去吸收。萇氏遺著中可以吸收的東西確是不少，但含有毒素的東西也有。為預防對讀者產生不良的影響，所以本編既給闡揚，也作了必要的批判。萇氏的槍法，看來是符合於峨眉派精神的，可惜說得不夠詳明。

後記

這本《萇乃周武術學》是先父一九六〇年撰寫的，是北京人民體育出版社委託寫稿。但稿件寄去後，因該社另有政治思想和文藝宣傳讀物的重點出版任務，近期內不能付印。因此，先父請該社寄回稿件，再作些修訂。一九六六年「文化大革命」開始，先父遭受迫害而患腦溢血，於一九六七年十月不幸去世，很多稿件則在抄家中被抄遺失，此稿幸得保存。

這本著作以科學的觀點，用人體生理學、物理力學理論闡發詮釋《萇氏武技書》，對研習萇氏武技具有指導作用。《萇氏武技書》是先父編訂的清朝武術家萇乃周的著作，於民國二十五年（一九三六年）十二月由正中書局出版，一九九〇年十月上海書店又影印出版。

上海師範大學的林子清老師，曾從先父習練武術。現經林老師的大力推薦，得到上海師大沈榮渭老師的熱情支持，先父這本擱置了三十年的著作，終於得以出版問世了。這對繼承發揚中國的寶貴遺產——武術和氣功，是有促進作用的。

萇乃周是河南汜水縣人。現汜水已併入滎陽縣。本書上編中的「註」，是滎陽縣文物保護管理所的陳萬卿先生提供的，是萇乃周事蹟的第一手資料。敬向三位同志致以由衷的感謝！

徐雲上

一九九一年八月

歡迎至本公司購買書籍

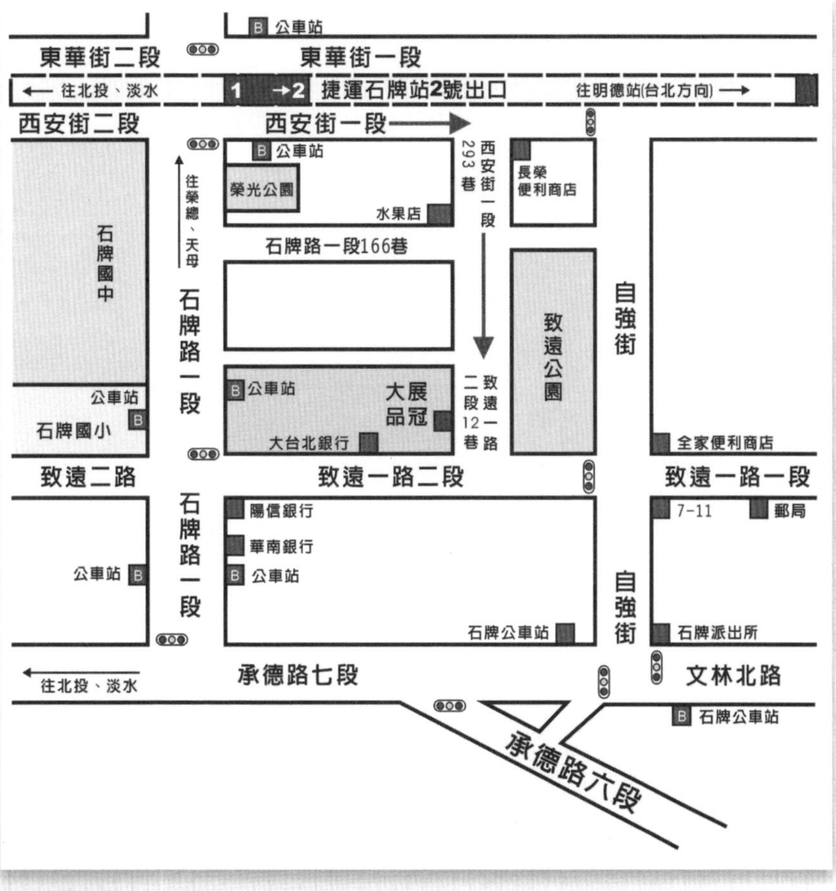

建議路線

1.搭乘捷運・公車

淡水線石牌站下車，由石牌捷運站２號出口出站(出站後靠右邊)，沿著捷運高架往台北方向走(往明德站方向)，其街名為西安街，約走100公尺(勿超過紅綠燈)，由西安街一段293巷進來(巷口有一公車站牌，站名為自強街口)，本公司位於致遠公園對面。搭公車者請於石牌站(石牌派出所)下車，走進自強街，遇致遠路口左轉，右手邊第一條巷子即為本社位置。

2.自行開車或騎車

由承德路接石牌路，看到陽信銀行右轉，此條即為致遠一路二段，在遇到自強街(紅綠燈)前的巷子(致遠公園)左轉，即可看到本公司招牌。

國家圖書館出版品預行編目資料

萇乃周武術學／徐震著
——初版，——臺北市，大展，2012〔民101.10〕
面；21公分，——（徐震文叢；6）
ISBN 978-957-468-906-4（平裝）
1.(清)萇乃周　2.傳記　3.武術
528.97　　101015763

萇乃周武術學

著　　者／徐　　震
責任編輯／王　躍　平
發 行 人／蔡　森　明
出 版 者／大展出版社有限公司
社　　址／台北市北投區（石牌）致遠一路2段12巷1號
電　　話／(02) 28236031・28236033・28233123
傳　　真／(02) 28272069
郵政劃撥／01669551
網　　址／www.dah-jaan.com.tw
E-mail／service@dah-jaan.com.tw
登 記 證／局版臺業字第2171號
承 印 者／傳興印刷有限公司
裝　　訂／建鑫裝訂有限公司
排 版 者／千兵企業有限公司
授 權 者／山西科學技術出版社
初版1刷／2012年（民101年）10月

定　價／200元

大展好書　好書大展
品嘗好書　冠群可期

大展好書　好書大展
品嘗好書　冠群可期